接客人生

Sekkyaku Jinsei

髙田勝則
Katsunori Takada

文芸社

はじめに！

そば屋の次男坊として生まれた私は、中学・高校と学校から帰ると家業の手伝いが待っていました。

友人と遊ぶこともできずに嫌々手伝っていたものの家業は兄が継ぐので、私に将来の目標があったわけでもありませんので、安易にサラリーマンになると決めていました。

そのため進学クラスで受験勉強もしていたのです。

だが待てよ……大学に行ってもやはり遊ぶこともできずに、そば屋の手伝いをしなくてはいけないのか……。

後になって思えば子供じみた考えではありますが、その時は真剣に悩んでいたのです。

そんな時に学校内の壁面には就職のための企業案内が張り出されていました。

好奇心から何社かの募集内容を見て、ある老舗百貨店の案内に目が留まったのです。

皆さんは、私が何に興味を持ったかお分かりですか？

それは企業の華やかさでも初任給でもなく、注視したのは定休日が月曜日で家業のそば屋と一緒だったところです。

当時、銀行マンの叔父も休日は土日であり、恥ずかしながら私はサラリーマンと言えば土日が休みとしか考えが及ばなかったのですが、月曜日が定休の企業もあることを初めて知ったのです。

この百貨店に就職できれば休日は、誰にも気兼ねなしに自由に過ごせる。

その企業にも大変失礼な話ではありますが、そんな安易な考えで進路をあっさりと変えてしまったのです。

当然のことですが担任の先生や家族には叱られ……呆れられはしましたが、めでたく合格した時には、家族も一緒に喜んでくれたのが嬉しく思い出されます。

入社式も済み、私の配属部署も決まりました。

所属は雑貨部であり、その売場は広範囲にわたり貴金属、時計、カメラからハンドバッグやアクセサリー、化粧品等にも及んでいました。

当該部配属になった新入社員は二十四人で、それぞれ各売場に三日間の売場研修を経て……正式に配属売場が決まる当日、新入社員を集め部長から、「皆さん、各売場の研修お疲れ様でした。これから皆さんに行きたい売場とその理由をお聞きします」

私は、一階のアクセサリー売場を希望しました。その理由はデパートの玄関であり、その賑わいと多くのお客様と会話ができて楽しく接客ができるからです。

それに反して、五階の貴金属売場は高額商品であり、雰囲気にも慣れず緊張の連続でした。

「貴金属売場以外でしたらどこの売場でも頑張ります」

部長は新入社員全員の話を聞いてからそれぞれに売場配属を発表します。

「高田君、貴金属売場は嫌なのかな？　でも君にはその貴金属売場に行ってもらうので頑張ってください」

貴金属へは、私一人が配属になりましたが、決まった以上は気持ちを切り替えて既にその時点から私のやる気意識が目覚めていきました。

そしてここから私の接客人生が始まります。いや……もしかしたら、生まれ育った環境、家業の手伝いから始まっていたのかも知れません。

これからは、私が携わってきた各売場や職務上での数多くの接客を通して、体験してきたことから、仕事の仕方……接客スキルアップ……クレーム対応についてお話をしていきたいと思います。

接客人生◎もくじ

責任者へのメッセージ！

三種の神器（歴代天皇が皇位の印として受け継いだという三つの宝物）に準えることは畏れ多いことですが、百貨店に働く、特に責任者として持つべき三**資の人器**なるものが必要ではないかと思っています。

その責任者が持つべき三**つの資**とは？

そして責任者たる**人の器**とは？

【資格】……部下の特性を生かして、部下を育てる**人材育成ができる器**です。

（部下の長所を伸ばして、短所があればそれを気づかせて一緒に修正する）

【資質】……部下やメンバーの皆さんに接客技術を含めた**教育・指導ができる器**です。

（自分の経験・体験から部下への指導や教育を愚直に実施、その知識と姿勢が大切です）

【資源】……お客様の声（苦情）は積極的にお聞きすること。**苦情対応ができる器**です。

（売場や責任者にとっての資源であり、その資源を生かすのも責任者の職務です）

この三つの人器を兼ね備えた人こそ、責任者として信頼を得られる人材なのです。


百貨店の価値観や存在感とはなんでしょう。

今の時代、百貨店に行かなければ買えないという商品は少なく、同じ物が、いろいろな形で……また、より安く手にできる時代です。

百貨店を選んで来てくださるお客様方は、その洗練された店内の空間・選び抜かれた商品、そして接客技術の優れた販売員さんに癒され、安心してお買い物ができることを求めているのではないでしょうか。そしてそれが、百貨店が永遠に愛され続ける理由ではないでしょうか。

ならば百貨店で働く販売フロントラインの皆さんは責任重大であり、接客力（接客スキル）を常に向上させるための努力が必要です。

責任者は販売員の皆さんが、そのことを成就できるよう三つの資を理解し実践するマネージメント力を発揮しなければなりません。

それが適えばきっとお客様の満足度は高まり、リピーターにもなっていただけることでしょう。

そして何よりもサービス苦情の大半を、間違いなく削減できるのです。

スーパーやコンビニを利用されるお客様は、接客技術よりも得難いサービスによって満足感を得られています。そして最近の大型ショッピングモールは郊外型から駅近店舗型にシフトし百貨店化しています。

百貨店が百貨店らしく、決してマスではなく個のお客様を大切に……百貨店の接客力を取り戻せたらと今なお願っています。

改めまして！

申し遅れましたが、私は、タッちゃんこと髙田勝則……老舗百貨店を任期満了にて無事卒業をしました。

退職前は、寂しくなった頭髪と肥満を気にしつつも、会社帰りに同僚や後輩の仲間たちとノミニケーションを好んでこなす粋なオヤジ、いやいや違う。

団塊世代の哀愁漂う……ただのおっさんです。

定年（六十歳）からの五年間は、お世話になった企業へのご恩返しと思い、その間、自分に何ができるかを真剣に考え、実践していたのも事実です。

そんな魅力的な百貨店に最後まで勤務できたことに、今更ながら**感謝！　感謝！**　です。

在職中は髙ちゃん、勝ちゃんと呼ばれていたのがほとんどでしたが、最後の四年半の部署で初めて呼ばれた「タッちゃん」が何故か気に入っています。

それにしても、永い間の在職期間を振り返ってみて、なんと良い環境。なんと素敵なお客様方。なんと素晴らしい仲間たち。

そのような素晴らしい環境の中で、実際に自分が経験や体験してきたことを通じ、職場のリーダーとして、また一人の人間としても少しずつ成長させてもらうことができました。

後年、お客様相談室室長を拝命し、売場で起こる苦情を通し、すべての部門の責任者と接するに当たり、その対処能力と、売場で接客する販売員さんの接客技術の未熟さから、お叱りをいただくケースが少なくないことを知りました。

販売員の皆様には、今まで以上に接客技術に磨きをかけていただき、責任者の方はスタッフの皆さんが、より以上に力を発揮できるような環境と雰囲気作り、そして周囲からより信頼を得るために本書は必ず参考になると思っています。

いつもながら耳の痛くなる親の説教ではなく、同じ接客業界の先輩として、皆様と一緒に考え、一つでも多く「**なるほどな〜**」と思っていただければ幸いです。

お客様相談室デビュー

私が後年在職した部署の一つに「お客様相談室」があります。

お客様からのお叱りやご意見を真摯に承り、状況確認をしっかりと精査した上で、その後のお客様へのご対応をさせていただく、とても大切な部署です。

ただ、誰もが好んで行きたいという部署ではないようです。

そういう私も、売場在職時代にはお世話になりたくないとの思いが強く、一度も相談室に入室したことはありません。

心ないお客様（クレーマー）から突然の入電でいきなり怒鳴られたり、苦手な職場で体調を崩したりする相談室員も過去にはいたと聞いています。

幸い私は接客が何よりも好きで、売場時代から苦情（お客様の声）対応は、率先してお伺いしていましたので素直に電話の前に座ることができました。

そんな私にも悩みがいくつかあります。

それは報告書などを打ち込むために、絶対に必要なパソコン技術です。

今まで、職場や家庭にあるパソコンを自ら操作することがなかったのです。


もう一つは職場の雰囲気です。

先輩も同僚も真剣にお客様からの入電を待つ姿勢は、呑気な私が望む明るい環境には、ほど遠いものでした。

先輩や同僚も困った私を見かねて、とても親切にパソコンの打ち方やお客様への対応策など親切丁寧に教えてくれました。


今日悩んでも、明日は悩まない！　気持ちのやる気スイッチを暗から明へ切り替え、数日後には、お給料をいただきながらパソコンが習える。お客様からの苦情を通して、各売場の皆さんと一緒にお客様へのご対応ができる。

今の私には最高の職場ではないかと思えるようになったのです。

相談室は、お客様から苦情をお聞きした時点で、速やかに解決に向けて対応を致します。そして進捗状況から顚末まで本店長への報告はもちろんですが、当該部署への指導や改善も必要な業務となるのです。

時とともに、この職場にも慣れてきたのは正に「住めば都」なのでしょうか、売場時代の私は「住めば都」ではなく**住んだら都にしたい**という思いで歩んできました。ここでも次第にそう思えてきたことを感じ、もっと良い環境にしたい。そのためにはどうしたら良いかを考えるようになりました。

そして私が、そのためにどう考えて、具体的にどう行動したかのお話は、後で詳しくご紹介したいと思います。

お客様相談室の室長時代に、あるクレーマーと数十分対応した最後に、

「分かった、分かった！　納得したので、どうしても本店長に電話をつないでくれ」

いやはや困ったものです。

クレームの内容からして、完全なる言いがかりをつける困ったお客様です。一方的に怒鳴り散らし暴言で終始した案件でしたが、冷静沈着に対応し、時には、クレーマーと同等の共通語での対応を含め、最終的には円満に納得していただいた経緯がありました。

その男性は既に優しい口調に変わり、本店長への要望があまりにも強いことから、通常業務ではあり得ませんが仕方なく了承した上で、もちろん直接にはつながず、相談室の先輩が本店長秘書として電話に出た際に、大きな声でクレーマー曰く、

「髙田という相談室長はただものじゃない！」

男性の意図はよく分かりませんが、褒めちぎって電話を一方的に切ったとのこと。

毎日数十件前後の苦情やご意見がある中で、このような展開は滅多になく、この「ただものじゃない」は、その年の冗談流行語大賞（笑）になり、狭い相談室の中だけで勝手に盛り上がったものです。

それでは、その「ただものじゃない」タッちゃんの売場時代やお客様相談室室長時代の

経験や体験談を当該年月日・人名は特定せずに書き進め、私が対処した内容を一つひとつ皆様にも考えていただき、一緒に検証したいと思います。

私が日頃の業務やお客様のお声を自らの資源として学んだことなどを、同業他店や接客業で働く皆様の接客スキルアップとクレーム対応のお役に立てると信じ、そしてこの本を読み終わった時に、あそこは自分だったらこう対応しただろう。この場合はこう対処した方が良かったのでは？　等など、今後皆様の職場で起こり得る、似たような事案に対しての的確な対応への事前準備、そして、起きた時には慌てずに被害を最小限に食い止め、お客様の満足に変えられるよう、少しでも記憶に留めていただければ幸いです。

百見は一会話にしかず

私がいつも思い続けていることの一つに、「人は他人の良いところを認識した上で、意識してまねをすることにより、自分を変えることができる」があります。

日頃使われている諺、「人の振り見て……」にも似ていますね。

そしてそれが習慣となり、自然と自分の行動や言動となって、やがては自分の身についた財産となるのです。

そのためには、自分を変える強い意志と、どのような時も「自分あっての……」ではなく、常に周りの人たちに支えられて今の自分があるとの気持ちが大切です。

自分の主張を押しつけるのではなく、先輩はもちろん、同僚や部下の話をよく聞き、周囲の信頼を勝ち得た時点で、誰もが認める優秀なリーダーになれるのです。

部下や同僚とは退社後に居酒屋などで仕事の話や、スポーツ談議。はたまた常識論から政治論まで、お酒も入っているので激論を交わすことも少なくありませんでした。

その後スッキリした気分で帰路についたのは自分だけなのかな？

いやいや、そうでもなさそうです。

次の日になると昨夜の仲間たちから「今日はどこにしますか？」

世の中にはいろいろな人の生き方や考え方があり、人は十人十色ではなく、**一人十色**の時代と言われて久しく、個々のマインドが多岐に及んでいることも事実です。

本を読み見識を高め、旅行を通し視野を広める。

そして多くの人と出会って会話をする。

人と話すことが何故大切なのかは、その必要性に応じて相手を知り、相手から情報を得るための最も重要な手段であるからです。

「百聞は一見にしかず」という諺がありますが、物や商品に関してはその通りです。人に関してはどうでしょう?

一見! ……いや百回見ても、その人を本当の意味で知ることはできないでしょう。育った環境や性格、そして個々の感情を持つ人とは、間違いなく会話が必要なのです。正に「**百見は一会話にしかず**」ではないでしょうか。

いつの世でも、自分本位の考えや行動に徹し、ほとんど相手の話を聞かずに、自分が言いたいことだけを主張する自己中心型の人は珍しくありません。

百貨店やサービス業に勤務する人の中にももちろん少なくはないのですが、自己中心型の人からは、決して何も生まれることはないのです。

苦情は期待度の表れ

ある日、新任の本店長が全店朝礼でご挨拶。

開口一番……「私は大切なお客様から苦情をもらうような社員、販売員は大嫌いです！　私の考えは各部長にも認識をしてもらっていますが、苦情に起因した社員、パートナーは部長と一緒に店長室へ直接状況報告に来てもらいます」

ごもっとも！　しかし待てよ？

※皆様は、老舗百貨店本店長の発信をどう感じましたか？
○何故、直接本店長に報告なのか？
○何故、マネージャーではなく部長なのか？
○本店長は、本当に苦情を削減するために話したのだろうか？
私は本店長の開口一番がとても気になっています。

社員はともかく、各取引先から派遣されている接客回数の多いパートナーの皆さんが、本店長の話を聞いてどう感じたかが気になったのです。

多少重たい雰囲気を残し全店朝礼は終了しました。

全店の皆さんも笑顔少なく、それぞれの売場に、私も無言で売場に戻ったことを思い出します。

六階フロアーに戻って、改めて売場朝礼です。

「私も、新本店長と同じように苦情は好きではありません。

ただ、苦情を起こした人のことは嫌いではないですよ！

何故なら、お客様からのご意見やお叱りは、私たちが働くこのお店への期待度の表れだと思っています。

皆さんが一生懸命接客をすればするほど、またお客様からの売場や皆さんへの期待度が高ければ高いほど苦情は多くなります。

苦情はないにこしたことはありませんが、もしお客様からお叱りやご注意をいただいた時には、すぐに私に連絡をしてください。

お客様の声は皆さんに代わって責任者がお聞きし、今後の接客対応に生かします。

私が食事中でも、会議中でもどこにいてもかまいません」

販売員の皆さんは少しホッとした様子で各ポジションにつきました。
※新本店長は、商売の厳しさやお客様の大切さを強く伝えたかったのだと思いますが、店長が怖い！　苦情は避けたい！　となると簡単です。

決してあってはならないことですが、お客様を選んで接客すれば良いのです。

それでもお給料はいただけるのですから……。

新入社員に転職の勧め！

時期は遡り、私が銀座店時計売場のマネージャーとして配属になった時のことです。

この話は、ある新入社員とベテラン社員に対する一石二鳥の意識改革に纏わる、私のとった手段のエピソードです。


ある日、銀座店営業三部、開店前の部長（GM）連絡会です。

呉服、美術、宝飾品、時計、特選衣料、ブランドTなどを統合する部であり、それぞれの責任者（マネージャー）が部長室に集合し、毎朝の報告と連絡をする会です。

今日も全員揃ったところで部長から、売上の進捗状況などの話の後、ブランドT担当のIマネージャーに、ここ何日か同じような問いかけを耳にしています。

「その後のM君はどうなの？　しっかり教育をしなければダメだよ！」

私と同期入社のＩマネージャーとの話の中で、Ｉさん曰く、「新入社員のＭ君は真面目だけど、自分の言うことを素直に聞かないし、周りのメンバーへの影響も考えると頭が痛いよ、毎日のように部長には、しっかり指導をしろよ！　と言われるし、最近はＭ君の顔も見たくないよ」（苦笑）と悩んでいました。

当時は社員数も多く、社員それぞれが数十件のお得意様を保有し、店内でのお買い物アテンドや家庭外商を含め、担当商品以外のお買い物のお手伝いもさせていただいていました。

そしてお中元やお歳暮シーズンは個人別の売上査定を目標に……また主要商品の宝石、絵画、毛皮、紳士服、呉服等など、売上強化月間を設けて、全社員が集中して、自分のお客様にお勧めしていました。

Ｍ君が入社して、お中元期も過ぎた八月の初旬、今もってＩマネージャーの話や指示に従わずに、自分の信念をまったく曲げることなく、言い続けていたことがあります。

「僕はブランドＴに配属になり、今も商品知識を習得中です。そして担当商品の売上を伸ばすことが最も大切な職務だと思っています。他の商品を売る時間があったら、僕は一つでも多く、担当商品を販売しますよ。売上が落ちればマネージャーも困りますよね、私が言うことは間違っていますか？　このスタンスは、これからも変えたくはありません」

ごもっとも！　でもそれはダメだよ！

Ｉマネージャーには、Ｍ君を九月から私の時計売場に配属してもらうよう部長に提案する意向を伝えたところ、Ｉさんは二つ返事で快く了承してくれました。

部長からは「本当に良いのか？　大変だぞ！」と言われましたが、私がＭ君を見てきた印象は、入社後すぐにＴブランドに配属になって、

○多少内弁慶なところが態度や言動に見受けられる。
○学生気分が抜けきらず、故に謙虚さにも欠ける。
○入社半年で、仕事にも慣れて狭いショップの中で誰よりも役立っているとの錯覚。

そんな風に感じとれます。

実は、このような若い人材を部下に持つことを私は嫌いではありません。

私はＭ君にもいささか期待を持っていたのです。

新入社員で、良い根性をしているのか生意気なのかは判断しかねますが、
〇自分の意見を誰にでも言える。

〇自分の信念を堂々と言える。

裏を返せば、間違った考え方を正しく修正させることができればきっと良い方に変わる、これからの指導によっては大きな戦力になると期待したからです。

さあー、九月一日、M君の意識改革初日、十一時から個室での面談から始めます。

「M君、待っていたよ。実は四月から欲しかったけど、もう既に決まっていたので、M君には、せっかく慣れたブランドTなのに悪かったね。でも良かったよ！　部長には無理を言って配置転換をしてもらえたのでね。今日から時計売場だけど、期待しているよ！　焦らずに頑張ってね」

「僕は、初めて担当したブランドTの商品がとても好きでしたけど、時計はいろいろなブランドもあって、とても興味があります。宜しくお願いします」

「ああー、それから今、絵画の全店販売とこれからお歳暮商戦もあるので頑張ってよ。M君は、笑顔も接客スキルも申し分ないと聞いているので、お客様と良い会話をしながら成

果も上げられると思うよ」

これからが想定内の会話です。

「あ、それは……今までもそうでしたが、僕……あ、私は担当した商品をしっかりと売りたいので、他の商品やお歳暮等を販売せず、その時間を時計の接客に専念させてください。Ｉマネージャーもそれは理解してくれていました」

「えー、Ｉマネージャーの冗談かと思っていたけど、Ｍ君本当なの？　で、これからもそのスタンスは変えないの？　ああそう……変えたくないんだ！　悪いけどそれはダメだよ！　Ｍ君が入社したのはブランドＴじゃなくて百貨店だよね？　時には店内すべての商品を販売する義務もあるし、社員としてその義務を果たしてこそ権利として給料をもらえるのだから。担当商品しか売らない！　ではなく、あらゆる商品を売るチャンスのあることが百貨店の強みなんだよ！　もしもそのことを認識せずにＭ君が入社したのなら大間違いだよ、残念だけどすぐに転職した方が良いと思うよ。私としてはとても残念だけど、Ｍ君のことを思ったら、自分の信念で好きな商品だけ販売できる企業が、Ｍ君にとっては絶対良いと思うし、部長や私からもＴジャパンの社長に推薦するので心配はないけど……難関を突破してせっかく入社したのに本当に惜しいよな。でも、ブランドＴもＭ君が、それだけ商品に思い込みを持っていてくれたら、嬉しいんじゃないかなー、私がＴの社長だったら大歓迎だよ。それにしても、自分の方向性が早く分かって良かったね、そこに便箋があるので辞表をすぐに書きなさい！　今なら充分にやり直せるからね」

「いや……それは……急なので、今まで考えたこともないし……」

「M君はこれからこの会社を背負っていけると思っていたけど、あなたの考え方を百八十度変えなければ、会社にも、お客様にも、そして何よりも他の社員にも迷惑がかかるような話だからね！　私の考えは伝えたので、ここで少し考えてごらん。ご両親を含め相談したい人がいるなら、今日は、もう帰って良いよ。帰る時には売場にいるので声をかけてね」
　三、四十分ほど経過し、私は個室に戻りましたが、M君、神妙な顔つきです。
「M君、どうした？　私も部長もM君の次のステップには協力するから心配しなくて良いよ！　半年だったけどここの経験は絶対に役に立つと思うよ」

「はい、いや、マネージャー……大変申し訳ありませんでした。ブランドTから離れてみて、マネージャーが仰っていた百貨店が企業としてどういうものか……私がどう働けば良いかも分かりました。すいません、もう少し頑張ってみ……いや！　頑張りますので、これからもいろいろとご指導ください！　宜しくお願いします。部長や他の人には内緒にしてください、本当にすいませんでした」

謙虚さと配慮

「え、本当に？　それなら嬉しいけど、大丈夫なの？　う〜ん、M君の気持ちは分かった！　しばらく、あなたの働き方を見させてもらうよ。百貨店はそんなに甘くないからね。それじゃ〜、しっかりと気持ちを切り替えて、一緒に頑張ってみるか」

M君の表情も気持ちと同様に吹っ切れたのか、とても爽やかな笑顔になっていました。

その後、何事もなかったように売場の皆さんに紹介をしましたが、突然、若いイケメンの仲間が増えて、売場の雰囲気は上々。

M君はこの時から新しいステージに立ったのです。
※その後M君には毎日のように声をかけていましたが、売場での顔の表情や仕事振りも明らかに違っています。
私は、彼のやる気を感じとり自然に顔も綻びます。

それから約十日後の午後、M君はご年配のご夫妻の接客をし、私に嬉しそうに報告。

「マネージャー、お客様とのお話の中で、今月のお勧め絵画をご覧になりたいと仰っているので特設会場にご案内してきます」

その後のM君の仕事振りに部長も安心したようで、意識的に売場に出てきてはM君に積極的に話しかけるようになりました。

その後周りからも、M君が変わったという話を耳にすることが多くなり、部長は私に「Mが厳しく指導されていると言っていたぞ！　それで良いんだよ」

逆にIマネージャーには冗談っぽく笑いながら、「お前は、甘いからなー」

このような話が出るたびに、私はM君の前上司Iさんが気になります。

その後も、IマネージャーとM君とは他人行儀な声がけしかできていません。

私の行動がIさんと私の比較になったことも事実で、一方に配慮はできましたが、知らないところで、Iさんへの配慮に欠けていたのかも知れません。

Iマネージャーを飲みに誘い、仕事の話や世間話をした後に話はM君の話題に……。

Iさんは、私が危惧していたことに対して真剣な表情で話してくれたのです。

「いやー、髙田のお蔭で本当に助かったよ。Mのためにも良かったよな。俺とはよほど相性が悪かったんだな」と笑いながら言い流してくれました。

逆に配慮した言葉をかけてくれて……流石だな。

また一つ勉強をさせられました。

私が本店に帰るまでの二年間、M君は出会った時とはまるで別人のようです。
※関連したことですが、百貨店や接客業は人に接する職業でもあり、そのために自分を変えるチャンスは毎日の接客から見出すことも多いのです。
そこで自らが簡単にできる行動の一つとして、「謙虚」さと「配慮」があります。

謙虚さはとても簡単です。

自分が意識して謙虚になることは一〇〇%できます。

ただ、人に**配慮**するという行為は大変難しいのです。

一方に配慮をすると、もう一方あるいは周囲にそれを欠く場合が往々にしてあるからです。


M君、二年目からの職務は時計売場催事担当です。

今まではM君にとって大先輩のSさんが、「この業務は俺しかできない！　取引先（約十五社）だって俺だから協力してくれるんだよ、長年積み上げた信頼だからな、髙田だって時計売場は初めてなのでできないよ！」

実はこのSさんもIさん同様に私の同期で、若い頃からの仲良しです。

仕事に関してはとても真面目で、自分の考えはガンとして譲らない一面を持っています。

だから、彼の言う通り自分があっての仕事だと思い込み、担当業務を誰にも任せず、誰も寄せつけないオーラを出し続けていたのです。

私が、いえ誰が見ても、「俺が、俺が！」の典型的な自己中心型です。

※皆様の職場にもこのようなタイプの人はいませんか？

自分の職務を専門職と思い込むことで、そのポジションはとても居心地が良く、自分しかできないという自負は、周りからも信頼を受けていると勘違いしやすいのです。

入社したての頃は、職場は違いますが、同僚の仲間たちと遊び回った思い出もあり、引き続き何かと親しくしていたので、担当業務を囲い込むSさんではなく、後輩を育成しながら、自らもステップアップをしてもらいたいと思っていました。

このスタイルでは、いつまで経っても唯我独尊で部下を育てられない。

私はM君同様に、Sさんに相応しい仕事の仕方に変えてもらうことにしたのです。

それは本人のステージを上げるためには、とても大事なことです。

※時計の商品知識やお取引先との交流にも乏しい、新米マネージャーとしては、

○他の売場の社員まで指導や教育なんてとんでもない話で、余計なお世話だと思う。
○Sさんには何も言わず、気分良くこのまま職務に専念してもらう。
○相手からの抵抗も想定し、面倒なことは避けて職場に波風を立てないようにする。
○皆さんから嫌われずに責任者として居心地を良くしたい。

等が考えられますが、そのような思いが少しでも頭をよぎると、売場の人員環境や仕事の仕方や仕組みには、特に問題はないと判断しがちです。

考え方やマネージメントの判断基準は、人によってそれぞれ違うとは思いますが、私は常に、「何もしなければ現状維持さえ望めない」と思っています。

言うなれば、チャレンジして成功はA……一生懸命トライして成就しなくてもB、何もせずに現状維持はC評価ではないかと思っています。

数か月間は、自分の目で観察し状況を把握した上で、課題や問題点を抽出し、改善しやすい部分から、すぐに行動に移すことが自分に与えられたミッションと考え、Sさんには躊躇なく「仕事の仕方を変えてもらうこと」にしたのです。

M君が時計売場に慣れた頃を見計らい、私はSさんを個室に呼んで告げたのです。
「今の業務を徐々に手離して、最終的にはすべてをM君に任せられるよう、直接Sさんに指導をしてもらいたい！」

（それは正に時計売場全体を見て、後輩の育成に力を注ぐ。そしてすぐにでも昇格できるような仕事を彼に望んだのです）

催事企画を含めて、M君を一人前に育ててもらえるように説得（指示）を始めましたが、突然の話にSさんの反応は動揺を隠せずに反発し、まったく理解してもらえませんでした。

想定はしていましたが、今まで自分が培ってきた技術？　を否定されたと勘違いし、やがて怒りは頂点に達したのです。

どんな高い山でも頂上に登ったら……あとは下るしかありません。

彼の言う長年の信用と信頼は、職場でも個人にとってももちろん大切なことです。でも、それは私たちが働くこのお店の、三百年以上の歴史が培った信用・信頼があってのことです。それがすべてだと思います。

過去には、専門知識を有する売場の社員で売上もその売場ではトップの先輩が、「私のお客様は、私を信頼してくださり自分がお勧めする商品ならなんでも買っていただける」と豪語して退社し、同じ商品関連で独立したのです。

お店を辞めた時点でただの人！　成功したかどうかの興味はありませんが、今までの商売とまったく違い、ご苦労されている話は風の便りに聞こえてきます。

信用・信頼の大きな屋根の下で、個の私たちができることは正直さと誠実な対応です。

Sさんに「同期のくせに生意気！」と思わせたら話はまったく進みません。

いろいろな角度から諦めずに説得し続け、徐々に理解を示しつつも、なかなか自分の殻を脱ぐまでには時間がかかりました。

Sさんが半ば投げやりながら根負けしたのは一か月後の五月でした。

早速、夏の催事や年末の店外催事に向けてM君と一緒に、各お取引先への外回りから始めたところ、前年を上回る催事企画にも参画させるようになりました。

M君への指導も徐々に熱が入り、Sさん、その気になったら実力発揮です。

私が銀座店に来て二年が経ち、本店への出戻り辞令が出ました。

その時のM君は催事企画を、Sさんに相談をしながら進捗状況の報告も怠りなく、M君は一人で取引先回りも行っており、部長への催事プレゼンも滑らかです。

Sさんは、その様子を満足そうに見ながら、周りからのフォローも忘れずに、今日も売場をしっかりと見てくれています。


遡ること私が銀座店に配属になって一年目の三月……部下からの信頼が厚い親分肌のT

部長が、千葉店店長としてご栄転される際に、「髙田、いろいろ有り難う。お前の要望はSの職務階級を上げることだよな、それだけだよな、分かった！　根回ししておくから大丈夫だ」と突然近づいてきて、笑顔で言ってくれたのです。

部長は、Sさんの変わっていく仕事の仕方もしっかり見ていたのです。

そして私が日頃からお願いしていたことを、忘れずにいてくれたのも感謝です。

もちろん、部長と私だけの話であり、Sさんに知られたら「お前が余計なことを言わなくても俺は昇級していたよ」と叱られそうです（笑）。

そして部下との楽しい飲み会を通じ、一組のカップルが誕生し結婚に至りました。

ある日、二人から思いもかけない仲人の要請。

二人の将来も考え、私如きが！　と再三にわたって断り続けていましたが、最後には、売場へ両家のご両親が挨拶にも来られ、自分がそんな器ではないことを充分知った上で、お引き受けした思い出も蘇ります。

今回は短くも充実した楽しい二年間の古巣銀座店でのお話でした。

ああ、そうでした！

因みにM君が辞表を提出していたらどうするか……ですって？

M君が退社するとは、最初からまったく想定はしていませんでした。

彼もそんな安易な考えで入社したとは思えませんし、ちょっとしたショック療法ですが、方向性を示唆するだけで充分です。

それでも万が一、M君が辞めたいと言って決心が変わらない場合は？

もちろん、彼の再就職に努力を惜しむことはありません。

それが会社のためでもありますから。

苦情の初期消火

ある日、ある売場での朝礼で責任者がスタッフを集めて大きな声で話しています。

「もし、お客様から苦情があった場合は、安易に私を呼ぶことはしないでください。お客様のお気持ちを真摯に受け止め、自分でご丁重にお詫びをしましょう。何故なら！　今までもそうでしたが、お叱りをいただいた本人が心からのお詫びをしなければ、おそらくお客様は納得されないでしょう。まあ、普通に接客していれば苦情なんかはあり得ないしね。もしも通常の接客で、クレーマーだと判断したら『お客様相談室』に電話してください。もしも私が状況も分からず、お詫びに出て収まらなかった場合は、部長や店長が出ることになり、迷惑をかけることになります。皆さん、分かりましたね」

ごもっとも！　しかし待てよ？

私が毎日の朝礼で話している内容とはまったく違うぞ！

朝礼を聞いていたスタッフがどう思うかは分かりませんが、おそらくこの責任者は、苦情対応には自信がなく、受けたくないためのバリアを張っているように思えます。

彼は必要のないプライドのため、思い切りオブラートに包んだ言い方だと思います。

まずは対応の早さ、責任者がすぐに出ることは誠意の表れとも言えるのです。

そして安易にクレーマーか否かを接客者に判断をさせる……判断するのは責任者の彼なのです。

ここから冒頭に、お話をさせていただいた**お客様相談室デビュー**の中で、相談室に住めば都ではなく……**住んだら都にしたい**ために、私が考えて行動したことを具体的に話していきたいと思います。

お客様相談室にも慣れて、着任する前の印象や問題点を少しオーバーにあげてみました。
○相談室にはサービスに口うるさい先輩たちがいて、くどい説教をされる雰囲気。
○苦情を当該売場の責任者に、対応を振るだけのイメージ。
○相談室には寄りつきたくない暗い感じの雰囲気。
私の個人的な印象ですが、売場の皆さんの感じ方も遠からず当たっているのではないでしょうか。

いざ自分が着任してみて、皆さんと触れ合うことで長所も知ることができました。
やはり、自分の目で確かめ、如何に会話が必要なのかが分かります。
まずはこの相談室を、誰もが頼りにし、気軽に利用してもらえるような雰囲気作りと売場の皆さんに幅広く知ってもらうことから始めました。

それはスケジュールを組んで食料品売場を含む各売場の責任者と販売員さんを対象に、苦情対応について朝礼に出向きます。

話の内容は《パート1・2》に分けて話しましたが、それぞれ私が思った以上に好評だったのです。

ただただ愚直に、第二朝礼も含め半年間継続することができました。

内容の一つとして、私の売場責任者時代と同様に「**苦情の初期消火**」についてです。

それは先の責任者の朝礼内容とは逆で、すぐに責任者の対応を求めるものでした。

「もしも、売場で火災になるような火元を発見したら、あなたはどうしますか？　当該部署への報告と連絡はもちろんですが、一番近くにある消火器を持って火元に駆けつけるのではないでしょうか。それができなかった時には火災も大きくなってお客様はもちろんのことですが、企業にも大きなダメージを及ぼすことになります。苦情も同じです。もし売場であなたが、お客様にご不快な思いをおかけした場合、また他の接客者が、お客様からお叱りをいただいている場合……周囲でその状況（火元）を目にした人は、すぐに責任者を呼んでください。連絡を受けた責任者（消火器）は、店内のどこにいても、速やかにお客様の元へ駆けつけて適切な対応を致します」

皆様は、この朝礼の内容を読まれて、このような対応が簡単にできたら良いな～と思っていただけるでしょうか。

「そんなに簡単にはいかないよ！」と思われる方も当然いらっしゃると思います。

そうなのです、この朝礼内容は理想であって、簡単なプロセスに過ぎません。

大事なのは責任者や販売員の皆さんが、この意味をしっかりと理解した上で、躊躇なく、速やかに行動ができるような体制作りが重要なのです。
○報告をしても責任者が来てくれない。
○自分の苦情は、できれば責任者には報告したくない。
そして他人のことだから、見て見ぬ振りなど消極的行動の要因を払拭するために、またこの一連の対応を理想から現実に近づけるために、責任者がやるべきことがあります。

この朝礼を聞いた責任者は、苦情（お客様の声）から売場の皆さんを前にして、逃げることはできなくなります。

そして責任者には、自覚と自信を持ってメンバーに発信してもらうことがあるのです。

最初に苦情の初期消火が失敗した時を想像して、そのリスクにどのようなことが想定されるかを紹介します。

お客様にご不快な思いをおかけし、お怒りが収まらないままお帰りになられた場合、再度ご来店いただけるでしょうか？

○お客様は帰宅後、売場へ電話して責任者からの謝罪を求める。
○相談室に電話し、当該部署の責任者や接客者への注意と今後の指導を望まれる。
○消費者センター（商品苦情の場合）に相談し、改めて対応を求められる。
○ご不快な思いは日増しに強くなり、お客様ご本人に止まらず、ご家族やご友人、そして知人にも不満を話し、その内容は次第に大きくなって広まる。
いずれも間違いなく、あり得る話なのです。

接客者から苦情の報告があった場合や、相談室から苦情の連絡が入った場合は、いずれも責任者のとるべき対応は、状況確認を素早く行い、その必要性がある場合には、速やかにお客様にご連絡をした上でお詫びにお伺いさせていただくのです。躊躇して対応が遅れると、お客様からは「誠意がない！　反省もない！」と思われ、別の苦情が生まれます（待ちの姿勢は禁物）。

苦情が発生した際に責任者がすぐに対応することが、お客様への誠意の表れであり、サービス（接客対応）苦情なら、お詫びとともに今後の指導・教育の徹底をお約束すること。
また商品苦情なら、お客様のお話をよくお聞きし、商品に瑕疵がある場合は真摯かつ丁寧に、そして速やかに対応をさせていただくことが重要です。
○すぐに責任者が駆けつけてくれた。
○丁寧にお詫びをしてくれた。
○適切な対応をしてくれた。
○誠意が感じられた。

苦情は責任者による、その日その場での対応が必須であり基本なのです。

その対応によって苦情のほとんどはお許しいただけます。

そのためには、接客をされる販売員の皆さんが苦情を隠したり、一人でなんとかしよう等とは思ったりせずに、速やかに報告できるような雰囲気でなければなりません。

そして責任者は接客者から苦情の報告があり次第、すぐにお客様へのご対応をさせていただく姿勢がなくてはいけません。

それを売場全体に習慣づけるシステムを構築させるのが責任者の大事な仕事なのです。

それでは「苦情の初期消火」がチームとして、確実に実践できるような売場の体制作りと責任者の苦情に対する認識についてお話をしていきたいと思います。

苦情の初期消火への体制作り

お客様の声（苦情）は今後の商売や接客への資源でもあり、それを生かすことが責任者の仕事です。

したがって苦情を嫌がったり、逃げたりするような責任者は問題外です。

そのような資質のない責任者は、何をするにも一事が万事で、チームにとっては存在感も頼りがいもなく大変不幸なことでもあります。


速やかな対応を心がける責任者が得られる、三つの利点を書きだしてみます。


一つめは、責任者自身の負担が最も少ないことです。

対応を躊躇し遅れるにつれて時間と対応に要するエネルギーが増して、本来の業務に支障をきたすことにもなるのです。


二つめは、お客様のご不快な思いを最小限に抑えられることです。

対応を躊躇し遅れるにつれて、お客様のご家族や友人・知人にも不快感が広まります。

的確で速やかな対応ができれば、お客様には誠意が伝わり満足度は高まります。

そして、より一層のお得意様になっていただけるのです。


三つめは、売場で働く皆さんの信頼を勝ち得ることができるのです。

真摯かつ速やかな対応をしてくれる責任者を目の当たりにし、頼りがいのある強いリーダーシップの下で、安心して接客ができる環境が整い、職場の雰囲気も良くなるのです。


責任者も一日一日が勉強です。

売場メンバーとの会話を大切にしながら、常に共感性を保つことが大切です。

共感性があれば、良いところは褒める、悪い時にはその場で注意をする、叱ることさえも素直に受け入れてもらえるのです。

個々の長所や短所、そして性格など日頃から観察することも大事です。

接客技術の程度も把握した上で、それぞれに合った指導・教育をしていくのです。

以上のことを踏まえて、チーム全体で取り組む「苦情の初期消火への体制作り」に話を進めることにしましょう。

「責任者がなすべきこと」を充分理解した上で、皆さんを前にして具体的に宣言します。

朝礼にて自分への連絡方法（内線ＰＨＳや携帯番号）を通達した上で、全員への徹底事項とともに「大好き宣言！」をするのです。

それでは、販売員の皆さんに必ず徹底をしてもらえるような話し方を、具体的な朝礼としてご紹介しましょう。

「私は、苦情を含めてお客様のお声をお聞きするのが大好きです。

何故なら、それはお店や売場、そして私たちへの期待度の表れだからです。

何も仰っていただけずに、二度とご来店いただけないケースは少なくないのです。

お店を選ぶのはお客様なのですから。

皆さんは苦情の火元を目にしたら、またはお客様からお叱りをいただいた時には速やかに、先ほど通達した連絡方法で私を呼んでください。

どこにいてもすぐに飛んで来て、お客様のお声をお聞きしたいと思います。

皆さんから報告・連絡があれば、誰の責任も問いません！

連絡をせずに苦情が大きくなった場合は、私と一緒に責任をとってもらいます。

皆さん、そんなことは絶対嫌ですよね！

私は責任者として皆さんとの約束は必ず実行します。

皆さんも、この売場で働く一つの義務として報告・連絡を絶対に忘れないでください」

この内容の朝礼は、責任者が売場に根付くまで愚直に発信し続けること。

皆さんを前に宣言をしたのですから、必ず守ることは言うまでもありません。


このスタンスは、売場は違っても私が責任者時代、一貫して実践してきたことです。

そんな中、一度だけベテラン男性パートナーのUさんを叱責した女性のお客様が、そのまま立ち去られたことがありました。

周りで働く同僚からの連絡もなく、本人も気になったのか慌てて私に事後報告。

多少、お客様への対応が遅れたことは残念でしたが、すぐに当該スタッフUさんと一緒にフロアー内を探しました。

幸いにも、同じフロアーにあるお客様相談室の前でお逢いすることができました。

そしてその対応にご満足をいただき、逆に感謝されたのです。

元々苦情の少ない売場でこのような事例もあまりなく、朝礼にて再度義務の徹底を図るには、とても良い機会だったかも知れません。

報告の義務を失念しかけ、一緒に責任をとらずに済んでホッとしていたUさんにも、気を引き締め直す場を与えてもらって感謝ですかね（笑）。

Sブランドのマネージメント

次に最も百貨店側責任者の教育や指導方法、そして何よりも存在感が問われる、いくつかのスーパーブランドを担当した時のお話です。

私は銀座店時計売場での二年間を過ごし、二度目の本店勤務です。

三月一日から、スーパーブランド二社のマネージャー就任辞令をもらいましたが、一階フロアーもブランドマネージメントも初めてで、まったくの素人でした。

どのブランドも優秀なスタッフが百貨店に多数派遣されており、それぞれのブランドごとに、本社から統一されたブランド戦略に基づき、接客方法や商品提案など、定期的な指導や勉強会も加わって、何よりもブランドイメージを大切にしています。

各ブランドにはリーダーとなる店長さんがスタッフの皆さんを統率しています。

今まで同じ部の管轄ではあっても、他部門から見ていた私の感想は、百貨店側の責任者は、ブティック店長を含めスタッフの皆さんとの会話も少なく、共感性にも欠けているように も感じます。

だからブティック内での存在感がとても薄いように思えるのです。

辛口ですが、言い換えれば「いても・いなくても」と思われているのでは？ したがってブティックの皆さんからはあまり当てにされていない。

そんな印象を持ちながら、私の考えることはいつも同じです。

自分は百貨店側責任者としてここで何ができて、何をすべきかです。

それほど商品知識もなく、接客機会も少ない責任者が在籍しなくても、ブティックの商売には何ら支障なく、日々は過ぎていきます。

苦情さえなければ……。

毎日、売場の朝礼前に責任者たちを集合させ、部長から伝達事項があります。

その際に、スーパーブランドHとGを担当する○○マネージャーが、ブランドGの苦情が多いことで、部長から注意を受けています。

先日は、CとFを担当する○○マネージャーも……。

そこには、明日は我が身と思う自分がいます。

スーパーブランドＬと宝飾カテゴリーの多いＣを担当する私としては、決して他人事ではありません。

何故だろう？　ブランドやスタッフの皆さんのプライドが高いのは感じるけど、接客態度やセールストークに問題があるのかな？

今日も私は、自分の担当ブティックの状況に照らし合わせて考えています。

話は着任時に戻ります。

右も左も分からない私が、百貨店側責任者の悲哀をまざまざと感じた出来事。

そしてほんの少しだけ存在感を示せたエピソードから紹介をしたいと思います。


新マネージャーの私と、新しく一緒に働くメンバーの社員として、私の元上司で役職定年をされたＡさん、それと現役バリバリの男性社員Ｉさんが宝飾品売場から異動となってきました。

責任者の私はＬブティックの奥にマネージャー席があり、ブティックＣには、その本社から派遣された女性店長のＯさんを含め十人の女性スタッフが在籍しています。

社員のＡさんとＩさんはブランドＣのスタッフとしての配属です。

Ｌブティックのスタッフには、やはり役職定年をされた男性先輩のＢさんと、三名の女性社員。それからブランドＬから派遣された、女性店長さんを含む女性スタッフ三名、計七名が在籍していました。

そして話は本題になりますが、如何にこの部門で百貨店の責任者が軽視されていたかを思い知らされたのは、私が着任したその日だったのです。

三月一日の朝礼で、新任マネージャーの紹介と挨拶。

先輩のＢさんがＬスタッフとともに朝礼場所のＣブティックへ引率してくれました。

Ｃブティック内は、女性店長Ｏさんの大きな声での指示も飛び交い、スタッフの皆さんは開店準備で、後ろを向いたまま忙しそうに動き回っています。

「皆さん、お早うございます。今日から私たちの新しいマネージャーとして、銀座店から着任した髙田さんを紹介しますので集合してください」と先輩のＢさん。

「Ｂさんご免なさい。開店に間に合わないので朝礼は私一人で良いですか？」とＯ店長。

「えー、開店に間に合わなければしょうがない、分かりました」

私はＢさんの困った顔を見て、Ｏ店長の百貨店責任者に対する横柄な態度と言動は、私だからではなく、いつも変わらないスタンスなのだと直感しました。

また、Ｏ店長に歩調を合わせるかのように、まるで事前に打ち合わせたような、後ろを向いたまま、バタバタしているスタッフの方たちの反応にもがっかりです。

この時点で、私のニコニコ顔の奥に闘志が湧いてきたことも事実です。

「お早うございます。今日から皆さんと一緒に働く高田と申します。自称ですけどハンサムです！（精一杯のオヤジギャグにもスタッフ全員振り向かず。笑）宜しくお願いします。えー、以上です」

その後、Ｌブティックに戻り改めて朝礼をさせてもらいました。

Ｃブティックのスタッフの皆さんは、私の顔さえ見ることもなかったので、私は開店してから、Ｃブティックに行き、スタッフ一人ひとりに挨拶して回りました。

皆さんとてもバツが悪そうです。

Ｌブティックの皆さんは、日頃のＯ店長のスタンスは分かってはいたようですが、予想外の展開に苦笑いをするしかないようです。

はてさてこの先どうなることやら……。

私が、今までに経験したことのないような状況がここにはありました。

私が一番嫌う職場の環境でもあります。

前任者にも状況を電話で確認し、既存の女性社員からいろいろと教えてもらった内容は、歴代責任者の皆さんも言いたいことも言えずに悲哀を感じていたとのこと。

人事異動になって晴れやかに出ていく……私は心の中で「冗談じゃない、一体どこの会社の話だ！」と呟きながら初日が終わりました。


二日目の開店直後、昨日は交代休日で今日が初日のIさんと元上司のAさん。

Aさんが開店後、Lブティックの私の元へ血相を変えて飛んできました。

「髙田さん、僕はあの売場では一日もやっていけないよ」

一息つき、落ち着くのを待ってAさんからわけを聞いたところ、責任者の私にも寝耳に水で、聞かされた内容はまったく知らされていない話でした。

所管部とCブランド社の間で、個人売上査定に対しての決め事があったようです。

Iさんも少し遅れて多少興奮気味に話してくれた内容は、出社して間もなくO店長から、

「お二人は今日からCブティックのスタッフとして、毎月の個人売上査定を持ってもらいます。Aさんは毎月五百万円の査定です。Iさんは現役なので一千万円お願いします。今

までの社員さんも毎月達成してもらっていますので、宜しくお願いします」

それもかなり強い口調で指示されたそうです。

Iさん曰く、「自分は良いけど元部長のAさんに対してあの言い方は失礼ですよ。査定のことも自分は同僚から聞いていましたが、Oさんの話し方は理不尽ですね」

百貨店の責任者が査定を組み、それぞれ個人別目標を設定することはあっても、取引先の会社（しかもテナント）から、私の部下の社員に売上査定を勝手に決められて指示されるなんて、入社以来、初めての経験です。

査定話を二人から聞かされて、私としても到底納得がいきません。

同三月から着任した部長の承諾を取り付け、社員の査定撤廃に動いたのです。

二月末までCブティックに在籍していて、今月から六階の宝飾品売場に異動になった二人の社員に、査定についてどう思っていたのかを確認したところ、

「私も最初は『なんで？』と思いましたが、髙田さん無理ですよ。今までのマネージャーも妥協していたし、何一つ言えない状況でしたよ。急に査定をなくすなんて無理ですよ！O店長からは、売上の進捗状況まで厳しくチェックされましたよ」

一体いつから、どのような理由で査定話が始まったのかを調べました。

残念ですが現在は、それを明確に知る人は見つかりません。

商品本部に確認しても首を傾げるだけで、正式な契約書もないようです。

今まで責任者も社員も何も言わずに従うだけの何かがあるのか？

また、誰もが納得のできる理由があるなら別ですが、誰一人として答えられない。

疑問も持たずに流されるような仕事は、私にはできません。

だからと言って闇雲に反発しているわけではなく、売上目標を持ち、達成に向けて頑張る姿勢はとても大事です。


ただ、現在の人員体制と頭ごなしの姿勢は、CとLを預かるチームの責任者として、このような理不尽なスタンスを認めるわけにはいきません。

私はどこの職場を担当しても決して流されたり、見過ごしたりはせず、チーム優先で少しでも成果が上がるような改善や見直しをしてきました。

Cブティックのピリピリ感。ブランドLの和気藹々な温室感。

両極端の二つのブランドですが、私はどちらの環境も嫌いではありません。

できれば足して二で割ったような雰囲気がベターだとは思いますが……多少の予備知識

はあったのですが百貨店の責任者が、これほど存在感が薄いとは、初日の朝礼に始まり翌日の個人査定と、僅か二日で身を持って知らされましたが、すぐに私がすべきことを見つけたのです。

まずは早急に、二人の社員に対する査定を白紙に戻すことです。

今日もCブティックに笑顔はなく、昨日と変わらずAさん、Iさんに高圧的に接する店長のOさんへの挑発から始めます。

「Oさん。私がマネージャーで来てから三日になるよね。そろそろあなたの会社の部長さんや課長さんに、ご挨拶がしたいのだけど、私が会社に伺った方が良いのかな～」

「え～、そんなこと……私には分かりませんよ」

Oさんは思った通り面倒くさそうに……お客様に見せる笑顔はどこへ。

「あなたは、ここのCブティック店長のOさんでしたよね？　その本店の責任者が聞いているのに、そんな返事しかできないの？　よくそれで我々百貨店の大事なお客様を接客していいるね！」

私の強い口調に、周りのスタッフが目を丸くしています。

「Oさんは、私が暇そうに見えるでしょう。でもとっても忙しいんだよ！　今すぐC社に連絡して至急返事をもらいなさい！　まさか、あなたの会社ではマネージャーが代わったことを知らないわけではないよね」

Ｏ店長も、おそらくこんな言い方をされたのは初めての経験ではないでしょうか……仕方なく返事するしかなかったようです。

しばらくして、ＯさんはＬブティックの私の元へ返事を持ってきました。

「明日の午前中に、課長のＫが挨拶に来るとのことです」

「えー、伺っても良かったのに、分かりました。Ｏさん、忙しいのに有り難う！」

翌日の開店早々、店長のＯさんに案内されて、女性のＫ課長が緊張した様子で、私の席に来られました。


双方、型通りの挨拶から始まり、まずは私からお願い事を切り出しました。

「Ｋ課長、Ｏ店長から伺いましたが、私どもの社員に査定をつけるとの話ですが、課長さんからＯ店長に撤回するよう伝えていただけませんか？」

「髙田マネージャー、申し訳ありませんが、それはできません！　これは今までの通例であって、従来の部長さんもご承知の上でご協力いただいています。社員の方も当社スタッフも、一丸となって売上目標を達成するための大きな要因になっているのです」

「新しく配属された社員の状況を見ても、私は得策だとは思いません。そのような契約もないし、誰が、いつからそのような取り決めをしたのかご存知ですか？」

「それは、私には分かりませんが、とにかく、なくすことは難しいと思います」

「いずれにしても、新任の部長も知らないことですし、社員にはやるべき業務もあるのです。だからと言って売らないということではなく、査定があろうとなかろうと販売することが、私たちの最大の仕事です。新しい人員配置を考えずに、今までの通例で社員のモチベーションを落とせば、結局、戦力ダウンにつながると思っています。私は、弊害も多い個人で競争させるより、総合力で成果を上げたいとも思っています」

　課長のKさんも多少の理解はしてもらえたのか時折頷きながらも困った様子でした。

「今ここで判断できることではないので、社に戻って部長と検討したいと思います」

「ご検討いただくのは結構ですが、私の考えを変えるつもりはありません。ご参考のために、もしも社員にどうしても査定をとのことでしたら、ご存じだとは思いますが、百貨店には欠かせない、毎年歳時記のお中元やお歳暮、それに加えて毛皮、絵画、宝石、紳士服等の販売に社員には査定があります。当然ながらO店長を含めスタッフの皆さんにも、査定を組ませてもらいます。これもチームとして必要と思いお願いすることになりますのでご承知置きください。

それから、課長にはもう一つお願いがあります。今まで私はどのような売場でも、それぞれの環境に即したチーム作りに努力してきました。私が着任して数日ですが、売場の雰囲気に多少不安を感じています。具体的には、スタッフの方たちの笑顔、態度、話し方です。もちろん、お客様に対しては違うと思いますが、人によって明らかに使い分けることが、問題だと思っています。普段の言動や態度がお客様にも影響しないかと危惧していきます。まだ、三日目の私がこんなことを言うのはとても僭越ですが、これからしっかりとコミュニケーションをとる中で、この問題を払拭できればと思っています。

私はCブランドを含めた、この本店の責任者です。私どもの大切なお客様への接客対応や、O店長を含めスタッフの方たちの仕事の仕方等、しっかりと見させていただきます。その上で、ブティック内の環境や周りに及ぼす影響が、人的を含め阻害要因と私が判断した際には改めてご相談させていただきます。宜しくお願いします。

勝手なお願いばかりで申し訳ありませんが、部長さんにも宜しくお伝えください」

翌日にC社のK課長から電話でご連絡をいただき、部長もご挨拶に来られました。

大変有り難いことに社員への査定は白紙です。

私が着任して半年後、長年在籍されていたO店長が他の百貨店に転勤されました。代わった女性店長のDさんは、スタッフの皆さんと売場内で笑顔が絶えません。社員のAさん、Iさんは、今日もCのスタッフから笑顔で相談を受けています。

前述で、人に配慮することは常に勉強、謙虚さは意識さえすれば一〇〇％できると申しましたが、時と場合によっては意識して、謙虚さを無視することの必要性も付け加えておきたいと思います。

ブランド戦略の違い

スーパーブランドを担当して二年目の私は宝飾ブランドのCを卒業し、引き続きLブランドと、新しく同じカテゴリーのEとGを含めた三ブランドを担当することになりました。

新しく担当するHとGは比較的苦情の多いブランドでもあったのです。

どちらかと言えば宝飾品は得意分野ではありますが、これから担当するブランドにも、新たな発見や改革が必要なのか？

そして私がいつもながら楽しみにしているのは、仕事を通じて新しい仲間との出会いがあるからです。

自分が二か所の新ブランドを担当するにあたって、一週間は各ブティック内に張り付いて、環境やロケーション、そして皆さんの接客対応についても観察をさせてもらいます。ブティック店長やスタッフの皆さんとできるだけお話をさせてもらい、個々の性格や特徴等を把握し、考えも知っておきたいと思っています。

開店前、担当する三つのブランドスタッフの皆さんが、Hブティックに集合して、配属後一週間目の私の朝礼です。


「皆さん、お早うございます。

既存のLブランドを含め、HとGを担当してから一週間になりますが、私は、ご覧の通り見た目は良いが、なかなか商品知識が覚えられません（笑）。

ここにいらっしゃる皆さんは、この売場での知識は私より遥かに上なので、毎日皆さんとお話をしながら、一つひとつ教えてもらうので宜しくお願いします。

うーん、あえて言うなら、皆さんより一つだけ胸を張れることがあります。

それは、私の胸囲やウエストの太さではなく、皆さんが毎日働いているこの百貨店での接客や苦情の対応力です。

そのことは、今後皆さんが大いに私を利用できるという利点でもあります。

私がまず感じたことは、皆さんのセールストークを含めた接客の素晴らしさです。それなのに何故、お客様からの苦情が減らないのかが今まで理解できませんでした。

皆さんが最高の笑顔で、一生懸命接客されているのにとても残念です。

でも毎日三か所のブティックや他も見て回り、感じたことがあったのです。

そこで今から私なりに考えていることを話したいと思います。

是非、今日から皆さんに実践してもらいたいのです。

スタッフの皆さんの優秀さと頑張りは、毎日のように部長に話しています。

それを知ってもらうためにも、各ブランドには多く足を運んでもらうようお願いしています。

私は、どうしてもお客様相談室に入るような苦情はなくしていきたいのです。

したがって、部長にはゼロ宣言をしたいと思っています。

ゼロと言っても苦情そのものではなく、お客様相談室に入る苦情ゼロのことです。

苦情はお客様の声として、相談室より私が最初にお聞きしたいのです。

ですから皆さんは安心して、是非私に協力してくださいね！（雰囲気上々）

この本店の一階にある、世界でも有名なブランドには皆さんも知っての通り、路面店と、私たちが働くインショップの二通りの形態がありますよね。

来店されるお客様も、それぞれマインドや期待感も違うと思います。

路面店は雰囲気や格調もあり、お客様もそのお店だけをお目当てに来店されます。

インショップ（百貨店）へ来店されるお客様の利点は、多くのブランドの中から、選んで買い回りができることです。

店舗形態とともに、皆さんの接客方法は多少違ってもそれぞれ長所はあると思います。

それでは百貨店に来店されるお客様の感じ方はどうでしょう。

皆さんは毎日、ご自分のブランドステージで最高の接客をされているので、気にはならないと思いますが、私が何回も各ブランドを回ってみて、各ブティックで、お客様のお迎え時から一連の所作の違いがありました。

ブランド戦略から言えば、違っていて当然なのですが、どう改善したら良いかは、外から見て初めて気がついたのです。

その所作の違いで、多少ご不快な思いをおかけしているのではないかと思います。

時々起きる苦情の要因は、ちょっとした対応や接客スタイルの違いから、共感性を得られないことも少なくないと思ったのです。

そこで皆さんにお願いします！

もし、お客様からお叱りをいただいた時には、すぐに私を呼んでください。

お詫びするのにブティックの店長さんも私もそれほど違うとは思いません。

ただ、ここは路面店ではありません。

百貨店の責任者が速やかにご対応させてもらうことが、早期解決策だと思っています。

場合によっては休日でも飛んできますよ」（笑）

※ここでもいつもの「苦情の初期消火」のスタンスが出てきますが、私の発信の仕方で、スーパーブランドと通常の売場でのちょっとした違いをご説明したいと思います。
各ブランドの店長さんそれぞれ、プライドと責任感がとても強く、スタッフがお叱りをいただいた場合はすぐに店長として対応をしてくれます。

百貨店にお越しになるお客様は、それ以上にプライドをお持ちです。

店長に悪気はありませんが、ついついブランド優先の言葉となってしまい、お客様から見ると、言い聞かされるような、また高飛車にも感じられ火に油となることも多いのです。

そうなってから、「百貨店の責任者を出しなさい！」では遅いのです。

今まで苦情が多かったのも、このパターンがほとんどです。

私は、この状況を避けるために、店長と私もお詫びの仕方に違いはないが、百貨店のお客様には、最初に私がご対応をさせていただく方が良い旨を話したのです。

各店長もそれにには大賛成で、そんなことを言ってもらったのは初めてだと大変喜んでくれたのです。


こうして数か月から一年の間に三ブティックから数十回の要請があり、その都度お客様には真摯にお詫びと、貴重なお話も伺うことができました。

中には心ないお客様や、ブランドのプライベートな問題など内容は様々でしたが、すべてに私は関与し、決してお客様相談室にはお世話にならずに解決ができました。

次のお話で、各ブランドの戦略でもあるお客様対応の所作の違いで、何故苦情になるのかもお分かりいただけると思います。


ブランド店長やスタッフの方たちとの信頼関係を得るための手段が他にもあります。

それはブティックに働くスタッフの身になって、本社や上司に代弁することです。

各ブランドは、それぞれの本社からの指示でスタイルは戦略として世界共通です。

スタッフはもちろん、百貨店側でもあまり立ち入ることはできません。

そのことは承知の上で、たとえ無理であっても自分が素直に感じたことを責任者として、ブティック店長やスタッフの前で代弁してあげることが必要なのです。

担当するHブティックの隣に同じく担当のGブティック（現在は撤退）があり、当時、Hは照明も明るく、スタッフも笑顔で「いらっしゃいませ」のお声がけから、接客へとつなぎます。

商品にはプライス表示もあり、お客様の動向を見ながらタイミングを見計らって、セールストークに入り、雰囲気はとても良かったのです。

お客様はその余韻を残し、次に隣のブティックGに向かわれます。

Gブティックは照明を抑えて、スタッフのユニフォームは真っ黒のパンツスーツ。

お迎えの言葉は笑顔で「こんにちは！」その後は無言です。

商品の前にはプライス表示もなく、お客様が商品に興味を示し値段を聞かれるまで、動的待機で待っているスタンスでした。

そのスタイルがブランド戦略の差別化でもあり、しっかりと徹底されていたのです。

確かに路面の専門店であれば、ブランドGらしく店内は色調・照明を含めとてもシックで、スタッフはそれに合わせた、黒のダークなユニフォーム、プライス表示も置かずスッキリし、ブティック内は格調さえも感じます。

そして「こんにちは！」のシンプルなお声がけも、熟知したファンのお客様にとっては、いつもの心地良い響きとなるのでしょう。

話は戻り、お客様が百貨店の中で、あまりにもスタンスが異なるブティックに、直面した場合にお客様の感じ方や反応はどうでしょうか、ブティックHからGのブティックに入られた時の印象は明から暗。

お声がけは「こんにちは！」スタッフはお客様の動向を目で追いながら無言。

このギャップの大きさからお客様との誤解が生じるのです。

Gの店長からのSOSで、すぐにお怒りのお客様とお会いするのですが、百貨店の責任者というだけで、お客様は安心感を持たれ、いろいろとお話をいただけるのです。

今までは、スタッフの苦情に店長が代わってご対応をしたのですが、Gのブランドスタイルを説明しながらのお詫びになっていたと思います。

お客様は説明をされればされるほど、店長が部下を庇うただの言い訳にも聞こえて、ご不快な思いは増すだけなのではと想像ができます。

お客様が話してくださった内容の大半は、「スタッフの応対や感じが悪い」とのお声です。

そしてやはり多かったのは同僚を庇う上から目線で「ブランド自慢?」等と受け取られてしまうことが多いようです。

具体的にお客様からお話をお聞きするに連れて、スタッフのお声がけから始まる一連のスタンスに見えてくるものがありました。

「馴れ馴れしい」

「ジロジロ見られた挙げ句に、買わないと思ったのか声もかけない」

「値段が分からないので尋ねたら、面倒くさそうに価格表を出してきて言うだけ」

「客を馬鹿にしている。隣のHブティックとは全然違う」

スタッフの皆さんは、本社のマニュアル通りの接客をしているだけなのに……そしてお客様にご理解をいただくために、一生懸命ご説明をさせていただいているのに……Gの店長をはじめスタッフの皆さんも、お客様からお叱りをいただく理由は心なしか分かっていたと思います。

でもお客様によってブランドスタイルを変えるわけにはいきません。

私も常日頃、スタッフの皆さんとブランドのスタンスに関しての話をしています。

Gの店長さんも、私の考えに理解を示し同調はしてくれますが、

「ブランドイメージを崩すことはできない」

返ってくる答えはいつも同じです。

苦情の原因も分かり、スタッフの皆さんのストレスも充分感じた段階で、ある日G社の部長に来てもらい、無理だと知りながら百貨店側からのお願いと、何よりもスタッフの思いを代弁したのです。

「ブティックの皆さんは本社マニュアル通りの素晴らしい接客をしてくれています。笑顔や言葉遣い、立ち居振る舞いも路面店だったら申し分ないです。ただ、インショップでは少し違和感もあり、他のブランドと比べてインパクトが強すぎると思います。百貨店にいらっしゃるお客様の中には抵抗があるのかも知れません。そのため、部長もお聞きの通りお客様からお叱りをいただくことも多いのです。店長やスタッフの皆さんは、毎日一生懸命接客されているのに可哀想ですよ！」

部長も、私の真剣な話を聞いて苦笑いをしながら……他の百貨店のスタッフからも同様の苦情があることを話してくれました。

路面店以外で起こる苦情の原因は、G社としても既に把握していたようです。

そして会話の最後に、部長から思いもしなかった一時的な妥協案の話があったのです。

それは、イタリア本社からブティックを視察に来た際は外すことで、一時的ではあるが、プライスチップを商品の前に置いても良いとのことでした。

そばで心配そうに頷きながら聞いていた店長や、スタッフの気持ちを、少しだけ受け入れてくれた瞬間です。

部長が帰った後に皆さん明るい顔で、既製のプライスチップで早速準備をし始め、皆さんからひと言！「マネージャー、有り難うございました」

この言葉を聞きたかったのです。たかがプライス表示、されど……です。

そして内緒で拡大解釈も……、

「こんにちは」の後、しばらくして笑顔で「いらっしゃいませ」のお声がけ。

これによりスタッフの接客対応が少しずつ変わったこと。

そして何よりも、Gブティックからの呼び出しが激減したのです。

こうして日に日に、各店長やスタッフの皆さんとの信頼関係や共感性も、素直に感じるようになりました。

スタッフの皆さんの《百貨店で働くスタンス》や意識が向上したのも事実です。

そんなある日、Hブティックで大変嬉しく思える出来事があったのです。

私の全体朝礼の前に各ブティック内で、それぞれの店長が伝達事項を含めた朝礼をします。

月末三日前のある日、私は毎日の集合朝礼場所のHブティックに少し早く着いたので、なんとなくHブランドのF店長の朝礼を後方で聞いていました。

スタッフの皆さんと違い、F店長は後ろ向きで私には気がついていません。

皆さんはこちら向きで店長の話を聞きながら、私の笑顔に連鎖反応をしてくれています。

「皆さん、今月は三日残して売上査定を達成しました。これも皆さんの努力の結果です、大変お疲れ様でした。本当に良かったよね、大変有り難うございました（全員で拍手）。

ただ、髙田マネージャーのゾーン売上の査定（三ブランド合計）が見込みで七百万円、足りないそうです。是非達成したいので三日間気を抜かずに頑張りましょう」

当時はどの売場でも、《来月の売上貯金》をしたいという風潮がありましたが、このF店長の朝礼を聞き、嬉しかったことは今でも忘れません。

三月のある日、HジャポンのS社長からF店長を通じて、四月から新卒の新入社員、男性一人を含め四人を最初から私に預けたいとの依頼がありました。

私は日頃から各ブランドの店長やスタッフの皆さんに、インショップでのサービス、接客対応、そして多様性のあるお客様方に接し、柔軟性を身につけて完璧なおもてなしができるようになれば明日からでも、路面店で立派に通用する旨を言い続けてきました。

F店長はそのことを実感し、社長在籍の定例店長会議でも話していたそうです。

H社にも理解されたことを大変嬉しく思い、快く受け入れたのです。

同じ館内で、同じ目的を持つ接客業ではありますが、各ブランドの打ち出している特殊な状況の中に、短い間でしたが身を置いたことで、仕事の仕方やスタッフとの向き合い方など自分自身、大変勉強をさせられた四年間でした。

次の話に進む前に

ちょっと気になることがあります。

それはこのような内容の話が続き、「なーんだ、自分の自慢話か！」

皆様にそう思われることです。人の自慢話を聞かされるほど、つまらないことはありませんし、次第に腹も立ってくるものです。

ですが、私には決してそのような気持ちはありません。皆様が働く職場で、どのような立場であっても充実感、達成感、信頼感を得るために、少しでもお役に立てればとの思いです。

ただただ繰り返し、それだけです。

うんざりせずに視点を変えて、もう少しだけお付き合いください。

苦情から学ぶ対処方法

相談室時代を含め体験した苦情例から私が対処した解決方法を考えてみましょう。

今現在、皆様が接客する中で同じようなケース事案は少なくないと思います。

印象に残った案件を抜粋し対処ポイントを押さえながら紹介していきたいと思います。


が！　その前にタッちゃんからひと言！


お客様からの苦情には大きく分類して、サービス苦情と商品苦情の二つに分けられます。

そのうちの一つ、サービス苦情の大半は接客者の対応の悪さから起きる苦情です。

数%のプロのクレーマーを除き、接客者個々の接客技術を高めることによって、間違いなく顧客満足度は高まり、サービス苦情の多くは防ぐことができるのです。

販売員一人ひとりの接客技術を磨くことが、最も有効な苦情を削減する早道なのです。

そのことを理解していただき、私が体験した苦情内容から対応や手段を検証して、そこから皆様と一緒に考えながら対処方法を身につけていただければ幸いです。

そして皆様が販売のプロであれば、より以上の接客スキルアップにつなげられるよう、お役に立てれば嬉しい限りです。

それでは、お客様から相談室に入った何件かの苦情を皆様に分かりやすく表現し、善良なお客様から何故お叱りをいただいたのかを確認していきましょう。

ある日、婦人服リフォームのカウンター前へ、女性のお客様が紙ショッパーを持参。

そこには三人の女性スタッフが在籍していましたが、それぞれカウンター内で忙しそうに動き回っていたのです。

お客様曰く、「直してもらうスーツを持参しカウンター前で待っていたが、三人とも目も合わさずに、まるで声をかけられては困るような態度でしたよ。他にお客さんもいないのに、いつ来てもあんな対応しかできないのですか？」

お客様はお怒りのままショッパーを持参し、相談室に来られたのです。

ある日、婦人服カジュアルウエアーのブティック前に女性のお客様が立ち止まり、展示されているブラウスを遠目に、興味深げにご覧になっています。

その後、お客様は販売員の動向を気にしながらもお目当てのブラウスに近づき、触れたりもして見入っていたのです。

その後スタッフに目をやりながら立ち去ってしまいました。

そしてお客様は、相談室のドアを開けたのです。

お客様曰く、「あの販売員さん、陳列ケースの拭き掃除に夢中になっていたと思ったら、今度は洋服をたたみ直し始め、気がつかないのか！　無視されたのか！　掃除くらい開店前にしたらどうなの？」

ある日、いつものことではありますが突然、相談室に男性のお客様から入電。

「おい、〇〇売場の小柄な女性販売員、えーと名前は〇〇と言ったかな？　態度が悪すぎる！　へらへらしながらお喋りしてはニヤニヤしている。もう一人の男もダメだ、見ていて腹が立つよ。すぐに見てこいよ！　分かるから、今度来た時も変わってなかったら、また電話するからな！　さっき聞いたけど、もう一度あなたの名前教えてよ、じゃー、頼むよ」

お客様の言葉は丁寧とは言えませんが、話された内容に対しての真剣な話し方や、抑揚などから他に意図がないことが窺われ、とても大切なご意見と認識しました。

すぐに当該売場に駆けつけ事実確認（近くで何気なく観察）をしたところ、お客様のご指摘通りであったこと……それに後ろ手や両足を交差するなど、挙げ句にあくびをかみ殺している様子まで確認しました。

とんでもない！

本来は即刻、売場から退場のシーンではありますが、責任者に許可をもらい、売場に支障がないよう一人ひとり交代で相談室に来てもらい、状況を話し注意をしました。

本人たちもついついつい習慣や癖で、してしまったと深く反省！

この場合も相談室の速やかな対応を期待し、お客様からはその一部始終を観察されていることもあります。

それを怠ると、今度は相談室の私への苦情にもなるのです。

いずれにしても百貨店にとってはとても有り難いご注意をいただきました。

ある日、私が売場責任者をしていた時に、お客様ではなく私自身、サービス担当なる女性から注意を受けたことがありました。

当時総務管轄のサービス指導・教育部門があり、指導員が時々店内の各売場を、回ってチェックをしていたのです。そして一人の女性指導員から……、

「髙田さん、ダイヤモンドコーナーの男性販売員は笑顔もなく、お客様が前を通られても会釈もお声がけもないですよ！　蔭から三十分ほど見ていましたが、同じスタンスで変わりません。しっかりと指導をお願いします」

実は、この当該男性社員は、ある事情があって売場全員でフォローしていた経緯があったのです（その話は別にして）。

内容は事実なので真摯に注意を受けた上でひと言、お話をさせてもらいました。

「あなたの部署は販売員の指導・教育をされる立場にありますが、あなたは三十分もの間、蔭に隠れてチェックをしていたのですか？　それが本当ならば、周りのお客様はあなたを見てどう思われていたでしょうか、制服は着ていても明らかに不審人物だと思われませんか？　あなたが言われるような社員がいたとするならば、確かに私の責任です。でも、その間あなたは何人のお客様にご不快な思いをおかけしたのでしょう。そのことは気にはな

りませんでしたか？（この女性指導員は、いつも冷静で高飛車な言い方をする等と聞いていたので、いつかはと、私の嫌な性格が、その時を待っていたのかも知れません）

あなたが自分の目で確認し不適切だと判断したら、その場で当該社員に、注意・指導をすることが大事だと思いますよ！　あなたは、ご自分の職務を全うし、決して間違ったことは言ってないのに、私から逆にこんなことを言われるのは不愉快でしょう。あなたが今後、嫌な思いをしないように、私からあなたの上司にチェック方法と、注意の仕方の提案をしますから心配しないでくださいね」

その結果がどうなったのか……当然お客様第一に考えた提案です。

変わらないわけはありません。

この内容をお読みになって、私が余計なことにまで首を突っ込んで口出しするので、本当は性格が悪いのではないか等とは思わないでくださいね。

書き切れない部分で、彼女のプライドを最大限傷つけないように注意し、しっかりと配慮も忘れていないことも付け加えておきます。

最後の事案は別にして、このような内容でお客様からお叱りやご注意を喚起されることがとても多いのです。

苦情になった原因は、いずれも売場での待機の姿勢に問題があると考えます。

次はそこへ**フォーカス**していきたいと思います。

売場の商品や環境によって、それぞれお客様をお迎えする姿勢の違いがあっても、良いと思っています。

そしてその姿勢が、お客様にとって心地良ければ言うことはありません。

待機の姿勢

一般的な待機の姿勢には静的・動的、そして話しかける《呼び込み》や《ショーイング》（実演）などがあります。

今から基本的な《静的待機》と《動的待機》について解説をしていきたいと思います。

《静的待機》

お客様が、主に目的を持ってこられる売場やショップに使われます。

例えば、旅行カウンターや時計修理コーナー、または各ブランドの化粧品売場などにも、多く使われています。

日頃から意識を持って、何をしていても常にお客様の気配を注視し、お越しいただいたお客様には感謝の気持ちを込めて、「いらっしゃいませ」のお声がけとなるのです。

その際の姿勢は、笑顔でまっすぐに立ち、おへその上部で右手を前に親指を交差して両手を組み、背筋を伸ばして腰から三十度の会釈でお声がけができれば完璧です。

お客様はもちろんですが、周りから見た印象も良く、その美しい姿勢は誰からも、必ず共感を持っていただけると思います。

※両手を組む際に、どちらの手が前かのルールは特にありませんが、左手の薬指は結婚指輪に使われるように、心臓につながっていると言われています。

当然ながらお客様が主であり、自分はあくまでも控えめにお迎えをしたいとの気持ちや、自分を主張する左手を抑えた謙虚さの表れとも言えるでしょう。

静的・動的どちらの姿勢が良いとは言えませんが、CやHなどのスーパーブランドでも、待機の姿勢からご不快な思いをおかけし、その後の商売で苦情になるケースは、少なくないのです。

念のために、静的待機なので動けないというわけでは当然ありません。

販売員さんの理解が不十分で、周りから見られているとの意識が希薄になった時に、先の苦情例のように足を交差したり、後ろに手を組んだり、ついつい気が緩み、業務と関係のない動作がうっかり出てしまうのです。

それを目にしたお客様の不快感が強くなることだけは、くれぐれもお忘れなく。

販売員の皆さんに教育・指導の徹底を図るのはとても難しいのです。

百貨店は文字通りいろいろな業種の集合であり、それぞれ特徴を持った店舗が存在しています。

それをあまり考慮せずに、接客業と位置づけて共通した発信をすることも少なくありません。

ややもすると十把一絡げの教育にもなり兼ねないのです。

指導者は各売場を観察し環境や状況を把握しながらスタッフの性格をも知った上で、指導することが望まれます。

販売員の皆さんにも自分の売場状況を充分理解をしてもらい、どうしたら効果的かを、自ら考えて行動や接客ができるように、適切な方向性を示唆してあげることが大事なのです。

皆さんに正しく理解をしてもらうための手段の一つに、ロールプレイングがあります。

配役を決めての実演指導を用い**ポイント**になる所作を指導することも必要です。

それでは次に多くの売場が実施している《動的待機》についてお話をしましょう。

この姿勢は最も簡単なことと思われがちですが、大事な趣旨を理解できていないと、苦情にもなりやすいのです。

《動的待機》
目的ではない商品に対し、如何にお客様を引きつけて売場やブティック内に、立ち寄っていただけるか、そして更に商品に興味を持っていただけるか、言わばプロ販売員の腕の見せ所でもあります。
そのためには、魅力的な商品の見せ方や明るく活気のある売場の雰囲気作り。
それらの演出は、偏に販売員さんの立ち居振る舞いが重要なポイントになるのです。

ケースの乾拭き、商品の陳列替え、ブラウスやセーターの畳み直しなどすべては、お客様の警戒心を取り除き、気安さ、安心感を持っていただくための、パフォーマンスに過ぎず、次なる接客ステップであるとの十分な認識を持って、動けているかが大事です。

故に、手は動いていても、売場内を歩いていても、目は他を見ていても全神経を傾注し、お客様の一挙手一投足を何気なく、さりげなく、良い意味で観察させていただくのです。

そしてお客様が商品に向かって近づいてこられた時に、すべての動きを自然に止めて、お客様のお顔を見ながら、最高の笑顔で「いらっしゃいませ！」のお声がけをするのです。

因みにお声がけは、ドレミのソの音階が心地良いとされています。

また、お声がけのあとすぐにセールストークに入ると、お客様の警戒心が戻ってしまい、せっかくのセールスチャンスを逃すことが多いので、注意しましょう。


待機の姿勢が大切かどうかはその人次第です。

お客様をお迎えする姿勢に定義はなく、接客しやすい状況にするかの手段です。

商売のスタートラインに立てるかは、自分自身の意識と工夫です。

基本をしっかりと理解し身につけることにより技術は磨かれ、いろいろな場面で応用につながり、それがまた接客を楽しくするのです。

接客セミナーで多く用いられる販売員の意識改革の手段の一つでもあり、私も同様に接客業の皆さんへのセミナーの冒頭にこの質問をしています。


「今皆さんが働いているのは**誰のため？　何のため？**」

返ってくる答えは、自分のため、家族のため、妻のため、子供のため、そしてマイホーム実現のため、友達と海外旅行に行くため、貯蓄のため、買いたい物があるため、老後のため……ｅｔｃ。

答えは、それぞれの目的や価値観の違いもあって様々ですが、どれも間違ってはいません。

でも勉強をするにあたっての答えは違います。

それは安定した企業に勤めていればいるほど危機感も薄れ、どうしても自分の希望や期待感が優先されてしまうからです。

年末のニュースによく視られる、毎年数百の会社が赤字倒産していることを、今まで私たちは他人事のように感じてはいませんでしたか？

どんな優良企業に身を置いても、決して忘れてはいけないことはお客様への感謝。

誰のため？　それは目の前のお客様のために働くのです。

そして**何のため？**　今日の売上目標をクリアーするために働くのです。

常にその目的意識を持って働くことが、会社を発展させせひいては自分の夢に近づくことになるのです。

さあ、これからは、自分のため、社長のため、会社のためとは言わずに、お客様のために働くと言いましょう！

そして今日、今月、年間の目標を達成するために働いていると言いましょう！

それを実行することが、すべてにつながるのですから……。

必ずメモをとること

それでは、再びタッちゃんの体験談から対処方法を参考にしてください。

まずは昔のお話から……ある年ある日、宝飾品売場にて、接客テーブル上で後輩の男性社員が、五十歳前後の上品な男性のお客様に大きな声で叱責されていました。

「先輩助けてください」とSOS。

いつも強気な後輩が席を外して状況を話してくれました。

（この話には、ある経営者の時代に企業としては褒められた話ではない出来事でお客様方にはご心配をおかけし、社員全員が心を痛めた背景があります）

「いらっしゃいませ、責任者の髙田と申します。お話は部下からお聞きしましたが、お客様には大変ご不快な思いをおかけし誠に申し訳ありません」

「僕が言っていることを分かっているの？　あんな事件があってよく平気で商売をしているね」から始まり「多くの客に迷惑をかけただろう、客を騙し続けてふざけるなよ！」

私はその都度お客様に相槌を打ちながら、落ち着いてお話をお聞きします。

お客様は私の反応を見ながら、怒りのトーンが上がってきました。

通常ではあまり見ないような太い万年筆を取り出して、

「僕の名前はDで物書きの仕事をしているが、そんな詐欺みたいな……だってそうでしょう、僕は書くからね！」

そう言って、万年筆とノートを開いて私の前に置いたのです。

一体このお客様は何の目的で？　そして何の書物に書くのでしょう？

ただの好奇心から、一連の問題に関して手近な社員から面白い話が聞ければ儲けもの？

あるいは社員の困った顔を見たいだけなのか？

通常であれば売場ではなく本社か総務への話です。
※この場合、商売を成就するためのコンサルティングセールスの中に、お客様からの「**き**

っかけ言葉」と、その言葉を受けて私たちからの「返し言葉」という手法があります。

クレーム対応にももちろん応用はできるのです。

この会話の中に、お客様からのひと言「詐欺」という「きっかけ言葉」がありました。

ここですかさず、お客様に見えるように自分のメモ用紙にお客様のお名前と、「詐欺？」と明記した上で、いよいよ私からの「返し言葉」です。

その際はお客様のお名前からはっきりとした口調で話し始めるのです。

「D様、私たち社員はこの件で皆様に多大なご心配をおかけしたことは、本当に申し訳なく思っております。多くのお客様方にも大変ご心配をおかけしましたが、ご迷惑をおかけしたとは思っておりません。当該商品につきましても損を覚悟で値下げをして、お客様に少しでも喜んでいただけるよう努力して参りました。そのため企業としての減益、当然ながら社員の給料にも大きな影響が出たのです。お客様の信頼を取り戻そうと社員一丸となっている中、D様の『詐欺！』というご発言に対しては、決して聞き逃すことはできません。当然ながらD様には、確固たる根拠があってのことだとは思いますが、もしそうであれば、この場所で一社員にお話しされる内容ではないのでは？」

「君は何を言っているの！　僕はそんなことは言ってないよ、まったく」

D様は確実に動揺した様子でトーンも低くなりました。

「D様、私はお客様の大切なお声を聞き漏らすことなく、D様と同様にこのようにメモをとっています。確かに当社を《詐欺》だと仰っています。あれだけ大きなお声で話されれば周りのお客様もビックリされて、お買い物をされずに離れてしまわれましたし、販売員も恐がって聞いています。確かに詐欺、と仰いましたよね」

D様にも、ご自分の発言に責任があることを知ってもらうために少し大きめな声で強調。そしてそのことが企業に対する名誉棄損や脅迫、また営業妨害に抵触する可能性を感じてもらうことが目的です。

「僕は、そんなつもりで言ったわけじゃないよ。僕はこの店が好きだからこそ苦言を呈すつもりで来ただけだよ」

この話を終わりにしたいモードがD様の言動に窺えました。最後はD様への配慮も考えた上で終われるよう心がけます。

「えー、D様、そうだったのですか。大変有り難うございます」

笑顔で明るく、穏やかに話しかけること。D様もホッとされたご様子です。

「私どもは、多くのファンのお客様から、ご意見やお叱りをいただくことによって、今後の励みにさせていただくことが多いんですよ。これからもお客様のために一生懸命努力してまいります。D様には今回の件で大変ご心配をおかけし、誠に申し訳ありませんでした。

今後とも当店を応援していただけるよう宜しくお願い致します。今日は貴重なご意見を有り難うございました」

私の前にあった太い万年筆は、D様のスーツの内ポケットに静かに収まりました。

その後、和やかに世間話を数分した後、D様より笑顔で嬉しいひと言がありました。

「これからが大変だと思いますよ、頑張ってください」

笑顔でお帰りになったD様、本当の目的は何だったんでしょうね？

タッちゃん当時三十四歳、古ーい、古いお話です。

先の例もこれからも、私が実際に体験し直接対応をした話ではありますが、皆様の周りで起きる苦情の内容はそれぞれ違っていても、有効な対応策として、必ず使っていただける事案はあると思っています。

ポイントはお客様の前でメモをとることです。

そして冷静に会話を重ねる中で、対処方法を探していくのです。

メモをとることにより、それ以上発展させないための抑止にもなるのです。

では、苦情対応にメモをとることの必要性について、もう一件ご紹介しましょう。

ある日、五十歳前後の女性のお客様とご子息が宝飾品売場にご来店。数日前にジュエリーリフォームの担当者から、サイズ直しのご依頼を受けた真珠の指輪の件で相談がありました。

担当者の話から、お客様はサイズ直しをされたリングを指にはめて、喜んでお帰りになったそうです。

後日お電話にて「真珠をすり換えられた！」とお怒りだったそうです。

再三、間違いのないことをご説明したそうですが、どうしても納得が得られず、責任者と直接話したいとのことでした。

私は事前に商品承り表（お預かりした指輪の特徴が記されている）はもちろん、その一連の状況を把握した上で、ご来店されたお客様のお話を応接室で、お聞かせいただきます。

「K様いらっしゃいませ、責任者の髙田と申します。お話はお聞きしておりますが、担当者の説明が不充分でご心配をおかけし、大変申し訳ありませんでした」

「説明？　指輪を受け取ってから数日間見ていますが、私が預けた真珠ではありませんよ！　鑑定書も持ってきましたが、三十九万円で購入した真珠です」

販売会社発行の鑑別書でした。一般的には第三者鑑定機関発行の鑑定書・鑑別書をつけることが多いのですが……。

指輪を拝見し、お客様の目の前で計測器を使い、真珠のサイズ（ミリ数）を、そして特徴となるおへそ（極、小さな窪み）の位置も間違いなく、お預かり書の内容と一致しています。

色もピンク系の綺麗な真珠で、お客様持参の鑑別書のカラー写真も検証した上で、最初にお客様がお持ちになった真珠に間違いないことを確信し、ご理解をいただくために、親切丁寧にご説明をさせていただきましたが、まったくご納得されず更にお怒りが増したのです。

「私の真珠ですよ！　間違うわけないじゃないですか、絶対に取り換えていますよ」

お客様は、真珠が小さくなっていて、色はもっと良かったと主張されています。

指輪のサイズが大きくなった分、他の宝石に比べ真珠は小さく思えることも多分にあるのですが、それにしても何故息子さんが一緒なのか？

「お客様、誠に申し訳ありませんが、私どもで真珠を取り換えることも、換わっているとも思えませんし、換えた者もおりません。したがってこれ以上のご対応はできかねますのでご了承ください」

「納得できませんよ、職人（技術者）なら簡単にできるんじゃないですか？　知り合いの弁護士に相談することも考えています」

お客様のお怒りは頂点に、私は便箋を前に置き、ボールペンは右手に……。

「あなたは、職人も同じ職場の身内だから……本当に確認しているの？　誰も真珠を換えてないなんて断言できないでしょ？　今年○○大学の法学部に息子が入学したことで、大学の教授もこのことに関して興味を持たれたようです。是非結果を教えて欲しいと仰っているので、今日は授業をさし措いても、息子を連れてきたのよ！」

そんな物好きな教授がいるかな～？　息子さんも無言で俯いたままだしな〜。

K様にも悪気はなく、間違いなく思い違いをされています。

ただ、どのような説明にも聞く耳を持たれず、あまりにもご理解を得られないため、私はここで対応を多少変えることにしたのです。

「K様、弁護士さんという話でしたら、もうこれ以上お話はできませんが、それよりも、私どもの技術者が真珠をすり換えたとのお話ですが、K様のお考えは、技術者が真珠を取り換えて利益を得たということでしょうか？　そうであれば窃盗であり、犯罪ですよ！　私も二十年以上宝飾品に携わっていますが、このケースで真珠を取り換えるメリットよりもリスクの方が数倍あると思います。いずれにしても技術者には家族もいますし、窃盗の容疑がかけられているという話は本人にはとてもできません。本当にそうでしたら彼のこれからはなくなるし、本人に知れたら大変ですね、K様の弁護士さんも別の弁護で忙しくなると思いますよ！」

目の前でメモをとることでK様は明らかに動揺し、ご子息は無関心の様子。

「そんな犯罪だなんて言ってないじゃないの！　お客に対して失礼でしょう、あなたとはもう話したくない、もっと偉い人を呼んでくださいよ」

「K様のお話を伺う者は他にはおりませんし、私が売場の最高責任者です。ところで君は（息子さんに強い口調で）、先ほどからこの件に関心がないようだけど、教授に報告するならメモぐらいとりなさい！（便箋を二枚ほど外し、ペンと一緒に息子さんの前に置く）

K様、宜しかったら、教授には私の方から詳しく報告をさせていただきますので、お名前を教えていただけませんか？」

「もう良いです！　もう二度と来ませんよ、この指輪は捨ててください！」

「K様、ご子息様もお聞きになっています。本当に廃棄しても宜しいのですか？」

「良いですよ、捨ててください！　……ほら帰りますよ！」と息子さんを促しました。

ご子息様も困った顔をされ、結局最初から最後までひと言もありませんでした。

「分かりました、そうさせていただきます」

K様が帰られてから一時間後に想定していた通り入電があり、三時間後に指輪は無事K

様の手に戻りました。

指輪がK様へ戻るまでの三時間の対応話もありますが、それはまたの機会に……。

お前じゃダメだ！　上司を出せ！

※どのような苦情でも真摯にお客様と向き合う対応が基本です。
そこで、数あるクレーム内容を失礼ながら色で分けてみることにしましょう。

白、グレー、黒の三種類になるでしょうか。

苦情とは言っても白がほとんどで、それはお客様からの貴重なご意見です。

黒は稀にいるクレーマーでしょうか。その対応に関しては、通常の販売員さんでは荷が重く、プロ（総務・警察）にバトンタッチするためのプロセストークが必要です。

グレーは責任者の対応スキルによって白い色に近づけ、お店や自分のファンになっていただくチャンスでもあります。

責任者やベテラン販売員さんの中には、お客様のお声を正確に聞くことができず、またお客様はご自分の声が理解されずにお怒りに変わるのです。

相談室時代には、そのような大切なお客様を数多くご対応させていただきました。

あー、それからもう一つ大事なことがあります。

苦情対応で、最初に舞台にたった責任者は、正に最高のパフォーマーとして、最後の幕が下りるまで主演を務めることです。


「社長を出せ、社長を！」

「お前じゃダメだ、上の者を出せ！」

「お前、責任者のくせにこんなことも分かんないのか、分かる奴を出せよ！」

対応者を代えようとする言動や行動は、もちろんすべてではありませんが、クレーマーがよく使う手口ではあります。

それでは、お客様がクレーマーと想定し、有利に進める常套手段を紹介しましょう。

最初の責任者では収まらず、上司に代わってまずはお詫びから入ると、

「何だ、今の責任者の態度はまったくなってない、あなたは彼の上司なの？　教育がなってないよ」

上司は苦情内容に触れることなく、そして部下の責任者がどのような対応をしたかも確認できずに、まずはそれに対してのお詫びから……言わばマイナスからの対応です。

クレーマーは、代わった上司のスタートラインを後退させるためです。

そして肝心の本題は、思惑通りクレーマー主導で有利に展開されてしまうのです。

最悪なのは、代わって対応をした上司もまた、ターゲットになることです。

「何だ、お前は！　さっきのより酷いな、まったく話にならないよ！　ダメだ、社長を呼べよ！」となることもあります。

クレーマーは社長が出ないことは想定済み、上司に多少抵抗された時に使う手で、あくまでも強引な主張を通すための手段なのです。

ある日、ある部門の部長が、ご年配の男性を相談室の応接室にご案内。

そして部長は応接室裏の事務所に早足で入ってきました。

「参ったよ、かなり昔に買われた〇〇を持参され、瑕疵があるので取り替えろと無理を言われて、最初はマネージャーが丁重にお断りしたところ、本店長を呼べと激怒して一歩も引かないんだよ！　マネージャーが困って私が出たけどやはり本店長を出せと話にならない……髙田さん、総務部の責任者として対応してよ！　まったく十年以上も前なのにねー」

部長はそれだけ言うと、苦笑いしながら休日者のデスクに座り、安心した態度です。

私が相談室に配属になって以来、各売場朝礼に出向き話した対応内容がまったく伝わっていない。それも部門最高責任者に理解されていないとは……。

タッちゃん、少しご機嫌斜めです。

「部長、お客様に本店長を呼ぶということで、ここにご案内したのでしょう。だったら、この電話で本店長を呼んでくださいよ！　お客様とのお約束でしょう。内線は……なので、すぐに電話をしてください」

それを聞いた部長は、椅子を座り直して、苦笑いもどこかへ。

「えー、そんなこと言わないで頼むよ、困っているんだから」

多少「むッ」とはしても、そこは私もサラリーマンです。

「冗談ですよ！」と作り笑顔で応接室へ向かいました。

お客様は七十代後半で人生の大先輩、「お前が本店長か？」から始まり三十分。

相当な頑固さで多少ダダを、しかしそのご要望は明らかに「ご無理・ご無体」

聞き入れることはできません。

ただ、話を進める中で、どうやらお客様も無理な要求とは知りつつも、最初に対応したマネージャーの「素っ気ない態度」にご立腹されたのが原因のようです。

上司を出せ！　本店長を出せ！　と引っ込みがつかなくなったようです。

お客様も納得はされましたが、別れぎわに「しっかり教育しなさい」とのきつい一言。

まあ、こんなこともありますが、基本は最初の責任者を代えない、ということです。売場に関しての問題（商品やサービス苦情）は部長や本店長ではなく、最初に対応すべき売場の責任者が、誰よりも理解し精通しているからです。

責任者のくせにそんなことも**知らないのか？**

知りません！

責任者でも、当然ながら分からないことや、知らないことはたくさんあります。苦し紛れに不確かな内容を答えてしまうと、より以上にお怒りが増します。何故ならお客様が答えを知っていて質問されることが往々にしてあるからです。知らないことは、知りません。分からないことは、分かりません。ご丁重にお詫びし、本来の件と関係のない質問であれば、教えてもらう姿勢が良いですね。また、関連質問であればお調べしてご報告をさせていただけば良いのです。決して恥じることではありません。

※この場を逃れたいがために「お前じゃ、ダメだ！」のひと言で、素直に上司を出すような責任者は必要ありません。

売場の責任者が逃げたのでは解決の糸口さえも見えなくなってしまいます。

お客様のお話をお伺いし、ご対応をさせていただくのは、責任者の自分だけとのことを繰り返しお伝えすること。お客様が何回か要望されても、頑なに責任者の自分以外に対応はしない旨を何度でも繰り返す。

責任者に自信と迫力があれば、お客様は諦めて対応に応じてくれるはずです。

「責任者？　あんたじゃなく、あの失礼な女性販売員に用があるんだよ！」
※自分の部下の指導は責任者の義務である旨をご理解いただき、責任者がお話を伺う。
（場合によっては当該販売員と同席してお話をお聞きすること）


過去の経験上、販売員から失礼な態度や言動を感じたお客様は「責任者はいますか？」「責任者と話したい！」などのお申し出が大半で、個人攻撃はあまりないことです。

個人特定者や名指しでの要因には、ストーカー紛いの要望や行為も少なくないので、責任者の見て見ぬ振りや知らん振りは禁物です。
※責任者としてクレーマーとの対応中に、ついうっかりと言ってしまうことがあります。
「上司がいるだろう、すぐここへ呼びなさい！」

《絶対に言ってはいけないこと》
「申し訳ありませんが部長は会議中です（外出中です……休みです）」等の返答は、部長が在籍していたら呼ぶという意思表示になります。
クレーマーからは「申し訳ないと思うなら会議中でも連絡してすぐに呼びなさい」「なに、外出……？　だったら、いつ戻るんだ！　今日また来るから連絡しておけよ」「休みだったら明日の十時に必ず部長から連絡をするよう伝えなさい」などの約束をさせられて、「どうしよう……」ということにもなるのです。

ある日、宝飾品売場にて販売員の女性群がざわざわ！

話の内容は、先ほど男性のお客様（四十歳前後、ラフな装い！）が、お一人で宝石売場に来られ、指輪からアクセサリーとケース内を見て回り、販売員が近づくと男性はさりげなくケースから離れ、またその先のケースへ……。

再度別の販売員が近づくと同じように立ち去る。その動作を何回か繰り返した後に、販売員何人かに向かって、「何故、お客が商品を見ているのに知らん振りをしている、なんで無視するんだ」と大きな声で怒鳴って帰られたとのことでした。

残念ながら対応には間に合わなかったのですが、もしも今度来店された場合はすぐに連絡をくれるよう皆さんに徹底をしたのです。

ビックリ！　本日二度目、閉店間近の時間帯にそのお客様が来られたとの報告。

宝石売場の奥からお客様の動向を静かに観察させてもらいましたが、販売員の皆さんからの報告通りで、一連の動きを見ていてそろそろ怒鳴るのかな？

「お前ら、良い加減にしろよ！　さっきも来て注意しただろう、何だ、この売場は全然変わってないじゃないか」

お客様は周りを見回し、大きな声で怒鳴りながら立ち去ろうとしています。

「お客様、失礼致します。責任者の高田と申します。何かご不快な思いをおかけしたようで誠に申し訳ありません」

お客様は怒鳴って帰ろうとしていたのに、突然の男性責任者に多少の戸惑いを隠せず、

「え、ああ、先ほども注意したけど、プレゼントを探しに何回も来ているのに、どの販売員も知らん振りだよ」

私が見ている限り、どの販売員さんも笑顔で「いらっしゃいませ」のお声がけはしていたのに何故？

「お客様、それは申し訳ありませんでした。実は日頃より販売員には、宝石売場に男性お

一人でお越しいただいた場合は、むやみに近づいて、うるさくお声がけはしないよう指導しています。先日も同じようなケースでお客様から『ゆっくり見させろ！　用があれば呼ぶよ』とご注意を受けたばかりです。確かに私なんかも照れ臭くて声はかけられたくないですよね！　ですから、お客様に配慮をしながら笑顔での会釈だけで、決してお声がけをしないようにと指導しています。お客様には大変申し訳ありませんが、良かったです！私はてっきり、お客様に対し販売員がうるさくお声がけをして、落ち着いて商品を見ることもできない等のご不快な思いをおかけしたのではないかと思いました。これからも、このご対応は変わりませんが、どうぞご理解ください」

当然ながら、このような指導をすることはありません。

イエス・バット法の効果

この対処方法はお客様のご意見をお聞きし認めた上で、**しかし！**　こういう考え方もありますとの反対の意見を述べて、その価値を知ってもらう方法があります。

接客スキルアップ「応酬話法」の《イエス・バット法》について少し触れてみましょう。

お客様との商談会話の中で、商品のウイークポイントをセールスポイントに、正に弱点を強みに変えて魅力的にアピールする手法です。

お客様から、「このブラウス、値段が少し高いんじゃないの？」

また、「このジャケット、私には少し派手じゃないかしら？」

逆に「このワンピースの色は私には地味よね？」などのお問いかけ（きっかけ言葉）が、あった場合に皆さんの反応は？

「そうですね」で終わってしまうか、「いえ、そんなことは決してありませんよ、とてもお似合いです」で否定から入って褒めトークでお応えするか？　どちらのセールストークも効果的ではないような気がします。

お値段の場合は、高い理由が必ずあります。何故他の物と違って高いのかは、販売員さんが事前に商品知識を身につけておかなければならないことです。

「お客様の仰る通りですが、逆に他にはない○○が、とても人気なのです」

「お客様、確かに多少高額ではありますが……」など、高いからこその強みが必要なのです。

※因みに黒色は**地味**ではなく、「シックな」「ダークな」「気品ある」「大人の雰囲気」、そして**派手**ではなく、「華やか」「明るい」「より若々しく」「綺麗な」など、お客様に合わせてセールスポイントに変えていくのです（商品を熟知し、普段から怠りなく）。

そこで《イエス・バット法》を用いた苦情対応例をもう一つご紹介しましょう。

ある日、ご年配の男性（M様）のお客様より相談室に入電。

「正面入り口のショーウインドー前に自転車を置いて買い物に行こうとしたら、そこに放置するなと注意された。急ぎの買い物があったから近くに置いたのに、そこは天下の歩道だろう！　お前のとこには関係ないだろう、注意した男をしっかり指導しなさい」

声を荒げてお怒りです。

確かに店舗前の歩道は公道で所轄の警察の所管です。店舗に管理責任はありませんが、お店の裏には駐輪場を設置してあり、できれば利用していただきたいと思っています。

突然のお怒りに、まずは男性社員の注意の仕方に対しお詫びを申し上げます。

それから、言葉丁寧にご理解いただけるようバットの反論です。

「お客様、大変ご不快な思いをおかけし誠に申し訳ありません。その場所は私どものショーウインドーの前なので、他のお客様にも配慮をした発言と思われます。ただ、お客様へのご説明が不充分であったことはお詫び申し上げます」

「何の説明だ？　他の客に何の関係もないだろう」

所詮店舗の都合であって、適当な言い訳をしていると思われたようです。

「お客様のご指摘のお気持ちはごもっともでございますが、その場所を含め、所轄の警察にも定期的に見回ってもらっています。私どもは、何よりもショーウインドーに見とれたお客様が、自転車に接触し怪我をされることを心配しています。お客様の仰るように公道なので、自転車を放置したお客様にも責任が生じることになるかも知れません。注意を怠った百貨店にも責任があると思い、お声がけをさせていただいております。どうぞご理解ください」

「うーん、そういうことね！　駐輪場はどこだって？　ああそれから、だったら最初からそう言えば良いんだよ、説明もせずに、ああしろ、こうしろ、は誰だってカチンと来るよ！　ちゃんと指導しておいてよ」

このような簡単な苦情内容であっても突然遭遇すると、冷静さを欠き自分の思うような対応がなかなかできるものではありません。

常にお客様の立場になって、またお顔が見えない分、声の抑揚や言葉遣いの微妙な変化を敏感に捉えてお話を進める。

ポイントになる言葉や声の変化を聞き逃すことなく、解決の糸口を探りながら着地点を模索していくのです。

皆様もお客様への電話で「声の笑顔」を出せていますか？

意外と電話でも相手の感情や表情などを感じとることができるものです。

対処能力を高める方法はただ一つ。

今日経験（苦情）することを「解決して良かった」で終わらせずに、ストーリーとして結論が出るまで検証し、自分の記憶のページを重ねていくことです。

経験や体験を多く積むことが大前提であり、それは周りで起きた事案でも他人事とは決して思わず、自分事として置き換え常に関与し、一緒になって考え行動して解決していこうとする気持ちが必要です。

お前！　銃でぶち殺すぞ！

次に紹介する苦情も電話ですが、会話中一瞬の〇〇を聞き逃さなかったことが、好転し円満解決につながったお話です。

ある日、電話室から「男性のお客様（Q様）がとてもお怒りで『社長を出せ！』と。おそらくH支店での苦情のようです」と相談室へ入電。

「大変お待たせ致しました。総務責任者の髙田と申します」

「なんでや、社長を出せとゆうとるやんけ！　良い加減にせーや、おまえ、銃でぶち殺したろか！　交換も、ああだのこうだの、うるさいんじゃ！　じゃけん、死にたくなかったら、はよ～社長出せや！」

それにしても、矢継ぎ早の大きな声……おそらくその筋の人かも。

「申し訳ありませんが、私はお客様のご意見をお聞きする部署の責任者です。社長には間違いなくお伝えしますので、どうぞお聞かせいただけないでしょうか」

「あほ抜かせ！　こんなこと社長に直接言わなんだら解決せーへんやろ。能書き言わんと、はよ～社長、出せや！」

「何度も申しますが、私はお客様のご意見やお叱りをお聞きする部署の責任者です。社長が出ることはありませんが、必ず伝えます！　ところで、私を銃で殺すと言われましたが、拳銃でしょうか？　あ～ライフルですか！　怖い話ですね」

このような会話を、他の相談室スタッフが聞いて私のメモ書きを確認し、H支店の相談室に確認です。そしてこのような会話を何回か繰り返した後に突然！
「あんた責任者なら、われ（私）の言うことに答えろよ！　答えられなかったら殺すぞ！
会社の前年度の総売上と営業利益、そして今年度の売上目標を言ってみろ！」
え～、その筋の人がこんな質問をするのか。
「申し訳ありません。記憶力に乏しくてすぐにはお答えできませんよ～当社の社員として、
とても恥ずかしいのですが、ご存じであれば教えていただけないでしょうか？　だからと
言って殺さないでくださいよ！」
このひと言で電話の向こう側で《クス！》と声の笑顔が聞こえました。
この後、徐々に打ち解けて、H支店でのご不快な思いを話し始めてくれたのです。
相談室の援軍から収集した情報メモを手渡され、お客様と会話をしながら目をやると、
当該店お得意様のQ様。地元農家の大地主で猟友会会員・猟銃所有とのことです。
苦情内容は、お買い上げ商品の不具合により、お品取り換えを要望したところ、売場の
販売員が、あれこれと言い訳じみて埒が明かずにお客様はお怒りに。
売場責任者には報告が遅れ（初期消火失敗）、お客様は、顔見知りの部長に直に電話し
激怒。部長がお詫びにご自宅へ向かっているとのことでした。
Q様はそれでも腹の虫が治まらず「社長を出せ！」となったようです。

お電話をいただいてから四十分、最後は笑いながらの会話となりＱ様には……、

「良かったですよ、殺されずに済んで。間もなく、よくご存じのＳ部長がお詫びに伺うと思いますが、殺さない程度に煮るなり焼くなりしてくださいい」

お客様は大笑いで終了しましたが、大変疲れたお話でもありました（同僚にも感謝）。


次は苦情の話ではなく、趣を変えてプライベートなお話をしたいと思います。

私が役職定年を迎え、宝飾品売場からお客様相談室に配属になったのは五十七歳の時でした。

売場在職中は絶対に相談室のお世話になりたくないとの思いもあり、宝飾品売場責任者だった五年間は同じ六階フロアーでしたが、相談室に入った記憶もありません。

でも配属となり、血液型なのか性格なのか、気持ちを変えたら馴染むのにそれほど時間はかかりませんでした。

「お客様相談室デビュー」の項でもお話をしましたが、お客様の声が聞けること、後輩の指導や教育ができること、何よりもお給料つきでパソコンの勉強ができること（笑）……とはいえ……各売場や各部門には敬遠される部署であることも認識しています。

本当に社内で立ち寄ってくれる人はほとんどいません。

相談室には先輩を含め八人が在籍していましたが、皆さんいつ何時に苦情の入電があるかと緊張感を保っています。

一、二か月間は先輩方の対応を見て、パソコン使用を含め勉強をさせてもらいましたが、何故か気持ちが前向きになりウズウズしてきました。

さあ〜、自分がこの部署で苦情対応の他に何かできないものか？　毎日想像しながら、私はすぐに実行できそうな三つのことを考えて動き始めたのです。

一つめは、前にも書いていますが各部門の各売場への朝礼です。

各部のサービスリーダーを巻き込み、スケジュール表に基づき実施したのです。

その理由は、皆さんから敬遠されている「相談室の存在価値」を知って欲しい、そして気軽に利用してもらいながら、皆さんから「信頼を得る」ためです。

私が思う相談室の重要な仕事は、苦情入電を待っての対応はもちろんですが、売場で問題が発生した時点で、責任者から相談室に情報を入れてもらうこと。

そして双方の考えを事前に共有した上で、「少しでも早い対応ができる環境作り」が大切だと思ったのです。

まずは苦情に対しての認識を、各売場責任者を含めて変えてもらうために、苦情を起こした本人や責任者に責任を問うのではなく、今後の顧客満足度につなげるための教材であること、そして相談室は苦情を聞くだけではなく、苦情を未然に防ぐためにも存在すること、そしてお叱りをいただいた時に、どう対処したら良いかを皆さんと一緒に考える部署であると位置づけた話を、面白おかしく十分に纏めました。

開店後の第二朝礼（遅番出勤者）を含めて延べ百五十回前後朝礼に回ったのです。

当初は自分のミッションとして実施していましたが、次第に先輩や同僚も手分けして協力してくれたのも大変な力となりました。

二つめは、実施中の各売場朝礼も終盤となる約三か月後、皆さんから多少相談室の意義やスタンスを、そして私たちの顔も覚えてもらえるようになった頃を見計らい、各部門サービスリーダーが集合する会議場で、相談室第二弾の企画を提案したのです。

それは、これからの売場責任者を担う、女性を含めたＡＭ（アシスタントマネージャー）五十五名を対象にした「お客様相談室半日体験」研修です。

あなたが売場責任者だったら、どのような対応をするかの問題提起三問と、研修後に感想文を記してもらうシート、そして体験中にレアな苦情に対しても、対応をしている相談室員と一緒に部門を超えて考えてもらう。

正に今現在店内で起きている現状体験でもあります。

※各AMには責任をとる人がいる間に、責任ある仕事を習得させたかったのです。
各部門のサービスリーダーには二つ返事で承諾をもらい、スケジュールを作成し、一か月半を擁し五十五名全員に良い経験をしてもらいました。

相談室の先輩の中には「それでなくても忙しいのに何故そこまで？」という方もいましたが、そこは民主主義、賛成派多数で可決し実施したのです。


三つめは、相談室の方たちには迷惑をおかけしない企画の提案です。

それは、タッちゃんのライフワーク（笑）でもあるノミニケーションです。

「皆さん一緒になって顧客満足度を高めましょう」とのスローガンで「コラボ懇親会」の開催を呼びかけたのです。

お客様相談室の高田企画で、毎月第四日曜日の閉店後、参加者三十名前後の飲み会です。

対象は各部門、各売場の社員・パートナーさんを始めどなたでも参加自由。

実はこの企画は以前から、人を介して神田近くのお店を紹介してもらっていたのです。

そのお店は日曜日が休日で、カラオケ舞台も設置されキャパは三十名前後、とても雰囲気のあるお店です。オーナー曰く、日曜日は近隣の会社が休みで商売にならないとのこと。

お店の有効利用はオーナーも大喜びで、私は早速交渉し、二十名保証で、「飲み放題・食べ放題・歌い放題で一人三千五百円」で成立です。

さあ、第一回目のコラボ懇親会。参加者は各部門からマネージャーを含め社員やパートナーさん、そして相談室から五名の総勢三十二名参加です。

会費は男性四千円、女性は実費の三千五百円、そしてお給料の少ない二十代の女性は二千円です（若い方が参加してくれるだけでも有り難い話です）。

想定内のご批判も、「髙田は若い女の子には甘い！」のひと言でご理解をいただきました。とはいえ批判（？）するオジさんたちが一番喜んでいたのも事実です（笑）。

コラボ懇親会を続けることにより各フロアーや各売場で徐々に変化が起きてきたのです。相談室のある六階でも、それは同じフロアーなのに売場が違うと販売員さん同士、顔はなんとなく知っていても今まで会話は皆無でした。

それがあちこちで挨拶も聞かれ、共感性が増していることが分かります。

そしてお互いの商品をお客様にサジェストし合う環境にもなっていたのです。

それが静かに話題となり、「私も行ってみたい！」との声も多くなりました。

当初、この企画に関しては一人の先輩から、「髙田さん、この部署は社員同士であっても親しくしては……何故なら……」内容は皆さんのご想像にお任せすることにして、ある意味では、ごもっともな苦言としてお聞きしましたが、当初より私の考えや信念は、お客様が第一であり、目指す方向性がまったく違っていました。

この懇親会は、相談室を統括する部長にも事前に説明をして了解済みでしたが、当時社内では、ＣＳ（顧客満足度）を高めてお客様の囲い込み運動を実施中でした。

私が常々思っていたことは、相談室として囲い込みすべきはお客様ではなく、店内で働く仲間たちであると思っていたのです。

苦情にしても、売場の皆さんと共感性を持って一緒に対応をすることにより、顧客満足度を高めることだとも思っています。

そして、当然仲良く付き合うことで、他にも見えてくることも多いはず、更に言えば、人が集まるところには、通常得られないような情報も集まってくるのです。

今自分がいる場所で、お客様に対し何ができるかを常に考える気持ちと行動が大切です。

こうして相談室を離れてからも、コラボ懇親会は会場を代えて、二か月に一回の開催にしましたが、任期満了まで四十八回、参加者は同業他店のお客様相談室長も含めて、延べ千四百人以上と継続できたのも皆さんのお蔭によるものと感謝です。

余計な話で終始しますが、若い頃に所属部長から社員旅行の幹事要請を受けた際に、え

～、面倒くさい、という態度を見透かされ、部長から「社員旅行はただの遊びじゃない、安全に気を配り、皆を如何に楽しませるかを考えろ！　それも重要なお前の仕事だ！」そう言われて以来、皆さんの笑顔が見たくて自称宴会部長の万年幹事です。

（面白くなかったら、飛ばし読みということでご勘弁を……）

接客技術向上で苦情を削減

どんな集まりや宴会でも、人を集めるということはとても大変です。

ましてや継続することの難しさは身に染みています。

コラボ懇親会もそうですが、私が毎回実行している《成功への幹事三原則》なるものを、勝手ながら紹介したいと思います。
一、ドタキャンは、次回の参加を促進するために快く承諾すること。
幹事が最も苦慮するのがドタキャンです。最初から想定し三十名集めるために三十五名の確約をとれば済むことです。少しでも嫌みや躊躇する態度を見せた時点で、無理やり感が生じて二度と参加は望めないことを忘れずに。
二、幹事は皆さんのお世話役であり、決して参加者より楽しまないこと。

もちろん幹事も会費は払うので楽しむ権利はありますが、幹事が率先して楽しむ姿を参加者が見て、幹事自身が楽しみたいから、と思う人も少なくないのです。幹事が全体を見渡して全員が楽しめるよう配慮する姿勢を皆さんは見ています。

三、継続する会は当然ながら、収支会計報告（領収書添付）を記載すること。

極力赤字は出さないようにして繰越金を明確にして記録を残す。歳時記の開催にイベント等の企画に使用できると一層楽しく開催ができます。

大変つまらないお話をしましたが、もしも、皆さんの同僚や部下に対する人との関わりで相通ずるものがあれば、参考にしていただければ幸いです。

身近に起きる苦情の多くは、お客様の期待を裏切るような、販売員さんの接客技術によるものも少なくありません。

残念ながら、そのことに気づかない、気にしない、ベテラン販売員さんもいるのです。

販売員さんの接客スキルを向上させることにより、顧客満足度は当然ながら高まります。

そのことにより苦情は、間違いなく減少させることができるのです。

再度、そんな苦情例を紹介しながら原因や対応を、ご一緒に考えてみましょう。

ある初秋の昼過ぎ、有名ブランドショップに、見るからに上品な四十代女性のお客様がご来店になりました。

若い女性スタッフは笑顔で軽く会釈し、「いらっしゃいませ！」のお声がけ。

お客様は気分良く、ニットのブラウスをご覧になっています。

スタッフはお客様の動向を見ながら「いらっしゃいませ！」の二度目のアプローチ。

「お客様、素敵なお洋服ですね、そのバッグはシャネルですよね？　とてもお似合いです！」

お客様は「え、本当に？　有り難う」と仰られ、笑顔で立ち去りました。

その後、お客様はお怒りのご様子で相談室に来られ、「先ほど立ち寄った〇〇ショップの女性スタッフを呼んでください！」

笑顔でのお声がけに対し、お客様も笑顔で立ち去られたのに、**どうして苦情に？**

相談室の応接間でお客様は、私の立ち会いの下、息を切らして入室した当該スタッフに対して冷静に話し始めました。

「あなた、私を覚えていますか？　先ほどのあなたの言動はとても不愉快でしたよ、それに態度も、私の着ている物から持ち物までジロジロ見回して笑っていたでしょ、あなたみたいな若い方から、あんな風に褒められて嬉しいと思う？　そんなに新しいバッグでもないのに、心の中で馬鹿にしていましたよね、初めて会ったあなたに、私の何が分かるの！」

女性スタッフと私は、お客様に対してご丁重にお詫び申し上げ、スタッフに他意はなかったことをご理解いただき、お客様には、当該スタッフを含め、今後の教育・指導の徹底をお約束致しました。

スタッフはいつもそのセールストークで、今まで商売に結びつけていたのでしょう。彼女の中では、おそらく何故お叱りをいただいたのか？　これからどうしたら良いのか、疑心暗鬼になることでしょう。

でも本人にとって良かったのは、今までそのようなご指摘がなかっただけで、同じように思って、帰られたお客様もいらしたのではないかという《気づき》です。

人は十人十色ではなく一**人十色！**　受け取る感じ方によっては最高の笑顔も、**ニヤニヤ**や**薄笑い**になってしまいます。女性スタッフのセールストークは間違いではありませんが、これからはすべてのお客様から受け入れられる、**切り出しトーク**が必要です。

それではもう一件、この切り出す言葉によって苦情になった実例を話しましょう。

ある初夏の午後、婦人服クイーンサイズのバザール会場に六十代女性のお客様がご来店になりました。

淡い紺色のルームウエアーの前でお客様は立ち止まり、興味深げにウエアーの何着かを触っていらっしゃいました。

すかさず、ベテランの女性販売員さんは、最高の笑顔で近づいてのお声がけです。

「いらっしゃいませ、宜しかったらお召しになってみませんか？」

お客様は多少ビックリされたご様子で、「いえ、いえ、結構ですよ！」と言われ、その場から立ち去られました。

切り出しトークの重要性

その後一時間もしないうちに、相談室へ苦情となって入電したのです。

最高の笑顔で、お声がけをしたのに、**どうして苦情に？**

お客様は興奮されたご様子で、「あなた方は販売員にどんな教育をしているの！　先ほど、七階の婦人服の売場で嫁の部屋着を選んでいたら、女性の販売員がニヤニヤしながら寄ってきて、私に着てみないかと言ったのよ、本当に馬鹿にして！　誰が見たって私はSサイズなのに、よくあんな無神経なことが言えるわ！」

お客様に初めてのお孫さんが誕生し、この夏お嫁さんが家で涼しく着られそうな部屋着を、プレゼント用にご覧になっていたそうです。

ご自宅に帰られてからもどうしても納得がいかず、一言苦言をとのことでした。

お客様のお怒りを鎮めてから、早速当該売場の販売員さんに確認したところ、最初はまったく理解ができていません。説明をしてやっと分かってくれたのです。

接客へのアプローチは待機の姿勢から、最初に切り出していくお声がけへと移っていきますが、商売の成否はここで決まると言っても過言ではありません。

普段何気なくお声がけしている言葉でも、お客様にご不快な思いをおかけしているかも知れません。

「お客様、大変お安くなっていますよ！」

私が安物を買うように見えるのかしら？（今日の身なりも気になってしまう）

「お客様、何かお探しでしょうか?」

見ているだけじゃ邪魔だと言いたいのかしら?(ゆっくり見させてよ)

「お客様、こちらはフリーサイズなので、とても楽にお召しになれますよ」

私、太っているかな~?(自分ではそれほど思っていなかったのにショック)

まだまだ他に切り出す言葉は数多くありますが、どのように感じてくださるかはお客様のマインド次第です。

それでは、前の二件の苦情となった原因を検証しながら、切り出しトークについてのスキルアップ解説をしていきたいと思います。

《切り出しトーク》

動的待機が功を奏して、お客様が商品(売場・ショップ)に向かってこられました。

お客様が商品をいろいろと見て回っています。この時、私たちは何気なく、さりげなく、お客様を良い意味で観察をさせてもらいますが、動きを止めてジロジロは禁物です。

そして軽く笑顔でいらっしゃいませ! のお声がけでしたね。

しばらくしてお客様の足が、ある商品の前で止まり興味深くご覧になっています。

さあ、お客様へのファーストコンタクトの切り出しトークです。

切り出しトークには、次の三種類のお声がけの手法があります。

《天候》から切り出す。

「いらっしゃいませ、お暑い中お越しいただきまして有り難うございます」

「お客様、お足元の悪い中、ご来店いただきまして大変有り難うございます」

「お客様、今日は一段とお寒いですね」

春夏秋冬、当日の天候の特徴を捉えお客様に話しかけ、お客様からの《きっかけ言葉》を待って接客会話に結びつけていく手法です。

極一般的ではありますが、初対面のお客様にとっては親しみではなく、馴れ馴れしいと感じ警戒感となり得ますので注意が必要です。

《お客様の持ち物を褒める》
「お客様のダイヤの指輪、とても素敵なデザインですね」
「素敵なお洋服ですね、お客様にとてもお似合いですよ」
「お客様、スーツとネクタイのコーディネイトがとても素敵です」

お召し物のお色やデザイン、ハンドバッグ、アクセサリーなどお客様が身につけていらっしゃる物を褒めながら、お客様に喜んでいただき、ご機嫌良くお買い物をしていただくためのものです。

ただ、いずれもお馴染みのお客様で、双方に共感性が伴えばとても有効な切り出しトークとなりますが、特に初対面のお客様の持ち物をやみくもに褒めるというのはどうでしょう。それもご自分よりも若い販売員さんから言われて素直に喜べないお客様も少なくないと思います。最初の苦情もそうでしたよね！

それでは、通常使用するのに最も良いとされている切り出しトークを紹介しましょう。

《商品のセールスポイント》から切り出す。

お客様が気になる商品の前に立ち止まり、興味深げにご覧になる、触れられる。

その時、タイミング良く切り出していく当該商品のセールスポイントです。

切り出しトークには以上の三種類がありますが、皆さんに是非覚えていただきたいのは、商品のセールスポイントから切り出す手法です。

担当する商品のセールスポイントを皆さんはいくつ言えますか？

最低でも十はすぐに言えますよね？　う〜ん、私でしたら二十は言えますよ。

（後から商品のセールスポイントの、覚え方のこつをお教えしましょう）

二つめの苦情になった切り出しトークは、明らかにSサイズのお客様にLサイズのウエアーを「お召しになってみませんか？」でしたね。

待機の姿勢からお客様の動向を、冷静に観察をしてみると、商品のルームウエアーに触れていて、手触りの感触を確かめていたようにも見えます。

販売員さんが、そう判断できていたら切り出しトークは、素材のセールスポイントから入るのがベターではないでしょうか。

最高の笑顔で近づき「いらっしゃいませ、この商品は麻の混紡で、手触りも良く、とても涼しくお召しいただけると思いますよ」と切り出したらどうでしょうか？

おそらくお客様は、そのお声がけで少なくとも、すぐにその場を立ち去ることはなかったのではないでしょうか。

この苦情で切り出しトークを、商品のセールスポイントから入った場合の流れで、お客様からの《きっかけ言葉》とそれを受けて、販売員さんからの共感性ある、《返し言葉》を繰り返した結果を想定してみたいと思います。

お客様は興味深く、そして感触を確かめるようにルームウエアーを触っています。

販売員さんは、冷静に観察した後に、お客様はウエアーの素材の感触を確かめていると確信しました。

さりげなくお客様に近づき……最高の笑顔で切り出しトーク。

「いらっしゃいませ、この商品は麻の混紡で手触りも良く、とても涼しくお召しいただけると思いますよ」

「あら、そうなの？　さらっとしていて、とても着やすそうね」

「上からも簡単にかぶることができますので、仰る通りとても着やすいです」

「嫁に赤ちゃんが生まれてね、この夏は猛暑だって言うので、こんな部屋着は楽に着られそうで良いわよね」

「お孫さんですね、おめでとうございます、女の子さんですか？　そうですか、日に日に可愛くなるのがとても楽しみですよね、当分は子育てで、家にいらっしゃることが多いと思いますので、楽で着やすいウエアーが一番だと……それもお母様からのプレゼントでしたら、とても喜ばれると思いますよ」

「そうよね、この夏の子育ては大変そうだし、せいぜい家にいる時ぐらいは涼しそうなのが良いわね、色は何色が良いかしらね」

「そうですね、できましたら毎日でもお召しになっていただきたいので、淡いブルーか、

「ピンクなども可愛いですよ」

「あなた、勧め方がお上手ね、洗濯替えも必要だし、セールでお安くなっているので、それじゃ〜、二着をセットにしてプレゼント用に包装してください」

あ〜、それからこんな展開も考えられます。

「お母様にはサイズは大きめですが、裾の布を少し切ってウエスト部分にベルト通しを二か所つけることで、紐などで結んでいただければ、楽に、そしてお洒落に着ていただけると思いますが、ちょっとお召しになってみませんか？」

ここでの「お召しになってみませんか！」は、お客様が理解や納得されている販売員さんからの根拠ある提案なので苦情にはなりません。

こうして、販売員さんの切り出しトークの使い方一つで、苦情になるか商売に結びつけられるかは、プロの販売員としての接客技術によるものです。

正に接客苦情を削減するためには、個々の販売員さんの接客スキルアップこそが顧客満足度を高め、そして販売成就にもつながるのです。

それでは、切り出しトークで最も大切な商品のセールスポイントの覚え方を含め解説していきたいと思います。

《商品のセールスポイント》

対象商品は分かりやすくアパレル関連の婦人服としましょう。

ここに一着のご婦人用ワンピースがあります。

この商品のセールスポイントは？

まずは皆さんの頭の中に五つの引き出しを用意してください（引き出しの数は自由です）。

例えば一つめの引き出しは「素材」、二つめの引き出しには「デザイン」、三つめは「カラー」、四つめは「柄」、五つめは「ブランド」等々、その他にも商品によっては「機能性」や「歴史」などもありますよね。

引き出しの中身が決まったら、それぞれの引き出しの中にセールスポイントを五つ選んで入れてみましょう。

「素材」の引き出しにはシルク、麻、木綿などの肌触りやしなやかさ、高級感や遊び感などのセールスポイントを入れましょう。

○シルク特有のしなやかさがあり、とても着心地が……（通気性が良い／冬は暖かく夏は涼しい／シワになりにくい）など。

○麻の混紡なのでシワになりやすいのですが、そのナチュラルな風合いが（肌触りが爽やか／清涼感がある／こしがある／シャリ感がある／通気性が良い）など。
○綿素材なので汗などの吸収性も良く、（丈夫です／保湿性にも長けている）など。
「デザイン」の引き出しにはデザイナー、ウエストライン、ショルダーライン等の特徴を長所として言葉に変えて入れておくのです。
○ウエストラインはソフトに絞ってあり、シルエットがとても……など。
○柔らかなショルダーラインが特徴で……など。
「カラー」の引き出しにはビビッド、パステル、ショッキングなどの形容詞を入れての表現も効果的ですね。
○このお色は今年の秋の流行色と言われて……など。
○この淡いお色はほとんどの色に合わせることが……など。

それぞれの引き出しに五つのセールスポイントが入れば、一着の婦人ワンピースに二十五の切り出しトークが準備できるのです。

また幸いなことに、ほとんどが他の商品にもリンクして使えるので覚えておきましょう。

お客様が商品の前にお立ちになり、そしてこの商品のどこに興味を持たれているのか？

○手に触れて感触を確かめているご様子……「素材」かな？
○両袖を広げてご覧になっている……「デザイン」それとも「柄」「カラー」なのか？
ご興味を持たれている部分が仮に違ったとしても、次々と引き出しを変えて、セールスポイントを取り出し、お客様へお声がけをするのです。

切り出しトークによってお互いの思いが一致した場合、お客様も「ああ、やはりね！」と思われ、より商品への愛着を感じてもらえます。違ったとしてもさりげなく二つめ、三つめのセールスポイントをアピールしていくのです。


お客様には、何気なく他の良い部分も知っていただくことにもなるからです。

切り出す言葉によって商品販売への接客がスタートします。

販売の成功を目指す上で大切なことは、接客会話の継続、お客様との共感性、そして根拠ある提案ができるかが重要なのです。

接客中にお客様から聞き逃してはならない言葉に、きっかけ言葉が必ずあります。

その言葉を受けて、私たち販売員はお客様から共感性を得られるような言葉、返し言葉をお返しするのです。

この会話を何回か繰り返すことにより販売に必要な情報を得ることもできて、お客様へ商品の根拠ある提案ができるのです。

※接客会話で気をつけることは、販売員さんが自分の考えや思い込みを、お客様に押しつけてしまわないことです。

ベテランの販売員さんほど、ついつい必要のない話が長くなりがちです。

お客様からできるだけ多くの情報を聞き出し、ご意見を尊重しながらお買い物のアシストをさせていただくのです。

それでは次に、《きっかけ言葉》に《返し言葉》について解説していきましょう。

きっかけ言葉に返し言葉

復習を兼ねて、お客様を良い意味での観察は待機の姿勢から始まっています。

静的・動的待機をしながら、お客様を直視することなく何気なく、さりげなく、お客様を観察します。

この一連の流れから的確な切り出しトークのお声がけ、そして共感性ある会話になります。そこで重要なのが《きっかけ言葉》に《返し言葉》となるわけです。

ある売場にて、お客様からの《きっかけ言葉》を想定し、共感性ある《返し言葉》を考えてみましょう。


【婦人服売場にて】

「久し振りの同窓会に着ていこうかと思って……」

「それはお楽しみですね！　どちらでなさるのですか？　お天気だと良いですね！」


【アクセサリー売場にて】

「結婚記念日が近いのでね！」

「いや～、妻の誕生日でね、男はつらいよ！」

「それはおめでとうございます。奥様お幸せですね！　奥様もきっとお喜びに……」


【玩具売場にて】

「明日、孫が久しぶりに遊びに来るもんでね！」

「え～、それはお楽しみですね！　女の子さんで二歳ですか、一番可愛い時ですね！」

【紳士服売場にて】

「最近少しメタボ気味で困ったよ！」

「いえ、そんな風には……貫録がおありでちょうど良いと思いますよ！」


【宝飾品売場にて】

「結婚指輪を見に来たのですが……」

「おめでとうございます！　こちらのプラチナリングが宜しいかと、ところでお式の日取りはもうお決まりなのですか？　今が一番楽しい時期ですね！」


このようにお客様からの大事な《きっかけ言葉》に対して、「そうですか」ではなく、必ず共感性のある《返し言葉》を何回か繰り返し会話をつなげ、販売を成功させるため、またお客様への根拠あるご提案ができるように必要な情報を得るのです。

その日、その時、仮に販売に結びつかなくても、印象を大切にすることにより、次回、わざわざ訪ねてくださることも多いのです。

次に百貨店や接客業に携わる上で、大変必要な三つのスキルアップについてお話をしましょう。

それは「接客」「苦情対応」「対処能力」の技術向上にあります。

接客スキルアップや苦情対応については少しずつお話をしてまいりましたが、これから三つめの《対処能力》のスキルアップについて触れてみたいと思います。

対処能力を高めるために心がけなければならない五つのことをご紹介します。

重複する内容もありますが、重要なこととご理解ください。

一、人の話をよく聞き相手を知ること

（聞き上手は、相手が七＝自分が三）

人との会話はとても大切です。相手を知るためには、他からの情報ではなく直接話すことがお互いに分かり合える一番の近道です。

そして会話がしやすいような環境と、相手からも話しやすい雰囲気を作ります。

二、率先して隙間の仕事をすること

誰も気がつかないことを見つけること。そして常に問題意識を持つこと。

例えば、責任者が部下それぞれに役割分担を決めて、チームとして業務を遂行する中で抜けてしまった業務（隙間業務）が出たとします。その抜けた業務を二人の部下が気づいたとします。

Aさんは、「マネージャー、この業務が抜けていますが、誰が担当するのですか？　決まったら早めに教えてくださいね」

Bさんは、「マネージャー、この業務が抜けていますが、これに関連した業務をもう一つ見つけました。宜しかったらこの二つの業務を私が担当しても良いでしょうか？」

Aさんの「決まったら教えて……」は、自分は関係ないとの意思表示でしょう。

Bさんの「私が担当します」の積極性は、日頃の仕事ぶりも一事が万事、とても満足できることと思います。隙間業務を、自分で隙間と認識した上で率先して行う姿勢が大切であり、対処能力を高めるためには大事なことなのです。

三、判断力を高めること

上司に、この問題はどうしたら良いですか？　はNGです。まず自分の考えから話すこと。

自分の立場で、自分の考えを常に持つべきです。何か問題にぶつかった時に、自分の考えや自分で判断する訓練と習慣が必要です。

責任者に求められる資質の一つに判断力や決断力があります。

逆にそれが欠落していると責任者の意味がないこともよく認識しておきましょう。

四、《謙虚》さと《配慮》を心がけること

謙虚さは意識すれば誰でもできるが、配慮は実に難しいものです。

この話は何回か出てきますが、人は上に立つほど、謙虚でなければなりません。

信頼する部下の皆さんがいて、今の自分があることを忘れずに感謝です。

そのような姿勢が共感を呼び、信頼が生まれ、風通しの良いチームを牽引できる責任者になれるのです。

配慮は常に周りに対し「目配り」「気配り」「心配り」です。

お客様にはもちろんですが、働く仲間たちにも配慮が必要であり常に勉強です。

五、最高の演技を心がけること

素晴らしい演技は、やがて自然に身につき自分の財産になるのです。

人の性格は変えられないとよく言われますが、私はそうは思いません。

例えば四種類の血液型で性格の分類ができるでしょうか?

人は生まれた時から環境や条件が違い、育つ過程も違います。

自我は三歳から芽生え様々な影響を受けて育っていきます。

人に優しく、人に（お客様）喜ばれる、人に親切、強い自分、常に正しく。

良いと思うことは演技でも良いから実行するのです。


そうすることにより自然に身について、それが習慣となり、言葉や行動となって、周りも認めてくれる自分の財産になるのです。


よく耳にする格言に「木を見て、森を見ず！」という言葉があります。

小事を見て気にするだけでは、大局を見過ごす！　との解釈でしょうか？

私の思い過ごしでしょうか、最近の責任者は森（大局）ばかりを気にして、大切な木を見ることを疎かにしているように感じます。

責任者は、一本一本の木をしっかりと見て、賢く、逞しく育てることにより、活気ある大きな、素晴らしい森になるのではないでしょうか。

勝手な解釈ですが、木の成長なくして、森の繁栄はないと思います。

正に木と森は一心同体で、「木を見て、森も見る！」（笑）ですよね。

対処能力向上には、その場での判断力や決断力を日頃から養わなければなりません。それは何度もお話をしていますが、多くの経験や体験から学びスキルを高めることです。

苦情対応や接客スキルアップの体験談はまたこの後、ご紹介していきたいと思いますが、少しカテゴリーを変えて、私が経験して解決を見た事件についてお話をしましょう。

内容については、事件なので携わった人物の特定ができないよう配慮し紹介しますが、大切なことは、その対応のＨＯＷ‐ＴＯを参考にしていただきたいということです。

疑わしきは念には念を！

それでは、タッちゃんの銀座店勤務時代の比較的若い頃の事件で、あまり差し障りのない事件から話したいと思います。

ある日、宝飾品売場に四十歳前後の外国人紳士がご来店になり、少し派手めな若い日本人女性六人を引き連れてお買い物です。

女性群は楽しそうに、はしゃぎながら商品選びに夢中です。

皆さん決められたように十万円前後のネックレスやペンダント等のアクセサリーをお選

びになり、外国人男性のお支払いを待っていました。

一方、男性のお客様は、時計売場でお気に召した腕時計を既にご自分の腕にはめて、売場スタッフと一緒に私の元に来られました。

さあ、ご精算です。お話をする中でご自分は母国では有名なムービースターで、日本でのバカンスを楽しんでいるとのことでした。

お買い物合計額八十万円で、スーツの内ポケットからT・C（トラベラーズチェック）と万年筆を取り出してサインをされ、日本円に換算した分の枚数を受領しました。

通常T・Cは銀行振出しの小切手と同様、現金扱いとしてその場で商品のお持ち帰りは可能でした。

私は常に真剣に接客する中で、感じるものがあり、高額であることも含め、お客様の雰囲気と、お連れになった女性群との違和感が気になりました。

まず会計責任者に報告をしましたが、「金額的には問題ないけど、気になるならT銀行に照会したら良いんじゃないか」

すぐにT銀行に電話し照会をかけたところ、詳しい情報を聞くでもなく、T・Cの事前サインと目の前で書かれたサインが一致していれば問題なしとの返答、おそらくどこの銀行でも同じような返事ではないかと思います。

マニュアル通りの答えに多少の疑問と不安が頭をよぎります。

ここは念には念を入れて独断で、お持ち帰りをご遠慮いただくことにしました。

男性のお客様には、時計を腕から外してもらい、明日の午前中に機械調整した上で、ご宿泊先のホテルへ持参させていただく旨を、そして女性のお客様方にはそれぞれご配送で、お届けをさせてもらうことでご了承をいただきました。

そして翌朝、T銀行の九時の開店を待って、窓口で換金をお願いしたのです。

間もなく男性行員の方からの呼び出しがあり、「すいませんが、このT・Cのサインをされた方は、今どこにいますか?」

(行員さんからの質問で、心配していたことが現実に……)

行員の方は、詳しい話はせずに男性の所在を尋ねるだけ……予想はつきます。

既にいないとは思いましたが、お届け先のホテルを伝えて持参したT・Cを返却してもらい、帰店後関連部署に報告したのです。

被害は未然に防ぐことができましたが、六人の女性の方は善意の第三者であることから、警察に関与してもらい、皆さんにはご協力とご理解をいただきました。

近隣の同業百貨店を含め三店舗も、同じ手口で多額な被害を受けていましたが、少なくとも女性の皆さんが持ち帰られた商品だけは返還されたそうで、

数日後、被害にあった数店舗の総務責任者の方から、直接お礼の電話をいただき、改めて自分の判断が正しかったとの自信を持った次第です。

多くの人と接し、素敵な会話を重ねることが私たちの仕事ですが、決して良いことばかりではありません。マニュアル通りのスタンスを守ることで、多少の問題が起きても責任を問われることはありません。

マニュアルももちろん完璧ではなく、その中には疑心暗鬼になる事案も少なくなく、その時にどう自分が対応・対処するかは個々の資質によるのです。

マニュアルは企業が数百人～数千人の社員教育をするにあたって、徹底を図るための有効な手段であり、絶対に欠かすことはできませんが、必ずここでも隙間があるのです。

今回の件でも、マニュアル通りの対応で損害は受けますが、個人的には責任を問われることはありません。

このような事件を通して多くのスタッフや後輩が一緒に経験や体験をすることで、判断能力や対処能力のスキルアップに生かせれば良いと思っています。


蛇足ではありますが、私の入社間もない頃、宝飾品売場でお客様を接客した際に、男性は不正カードで決済をされたのです。

カード会社に照会した際に、不正カードの回収依頼があり、社内マニュアルでも、速やかに回収と記されていました。

男性に近づいたその時、私が持っていたカードをひったくり走ったのです。

私はとっさに回収しなければとの一心で男性を追い駆け、階段で五階から一階へ、追いつきそうになった瞬間、男性は急に振り向き攻撃態勢に入ったのです。

私も我に返り緊張と恐怖心で躊躇している間に……。

売場に戻り「逃げられちゃいました」と息を弾ませていた私は、上司から席に呼ばれ、今まで見せたことのないような怖い顔で怒鳴られたのです。

「何故、警察でもないお前が追いかけたんだ！　そこまでやる必要がどこにある？」

散々叱られた後に、「お前に怪我でもあったらどうするんだ⁉」

今でこそ、そんな馬鹿な行動をする人は皆無でしょうが。

当時、若気の至りとは言え、自分の行動に恥ずかしさを感じた瞬間であると同時に、上司の思いやりある叱り方があってこそ素直な反省と、良い経験をしたと思えることができたのです。

次に体験した事件では宝飾品の盗難未遂の話です。

皆様の中には必要ないと思われる方もいらっしゃるとは思いますが、ご自分の担当商品に置き換えて参考にしていただければとの思いと、もしご自分が接客者になった場合の対応を想像しても楽しいかと思います。

例えば、あなたが宝飾品売場で、中年男性のお客様にケースから五本の指輪を出してご覧いただいています。婚約指輪でしょうか、アニバーサリーのプレゼントでしょうか？

お客様からメモ用紙を下さいとの依頼があり、背後にある便箋を取って前を向いた時には、トレイに載せた五本の指輪が四本になっていました。

接客者はそのことに気づきましたが、とても信じられずに動揺しています。

お客様は、その中の一本の特徴と価格を素早くメモして、胸のポケットへ入れ、「有り難う！　今日は時間がないのでまた来ますね」と笑顔で立ち去っていきます。

さあ～、あなたならどうしますか？

私がこれに似た事件に遭遇し、必死になって対応した体験をご紹介しましょう。


ある日、宝飾品売場に、五十歳前後の上品な女性のお客様（B様）が来店されました。

年の瀬を迎え、一段と寒いお昼前、タートルネックのセーターに合わせたオーバーコートをお召しになり、とても素敵な奥様です。

ダイヤモンド指輪のケースの前で立ち止まり、ケース内を見回されていました。

私は、最高の笑顔で「いらっしゃいませ」のお声がけ。

「そのダイヤリングを見せてくれますか？」

お客様が指定されたリングを、ケースの鍵を開け取り出し、陳列ボックスとともに、お客様の目の前に置きました。

商品から決して目を離すな

お客様はリングを指に嵌めてご覧になり、「そちらのも見せてくれますか？」

ケース上に二本のリングが置かれました。

ケースの中は、すべて立爪（六本爪）のダイヤモンドリングです。

私は二本のリング以上に、お勧めしたいリングを新たに出して三本め。

お客様は、それよりカラット数の大きいダイヤ二本を見たいということで計五本。

ここで管理しやすいようにトレイに五本差し、個々の陳列ボックスを手前に置きます。

「高田さん、主人が結婚三十年のお祝いにと言ってくれたんですよ！」

え、高田さん？　お客様が私のネームプレートを見て名前を呼ばれるケースは普通だと皆様はお思いでしょうが、私には今まで、あまり良い印象がないのです。

「それはおめでとうございます！　素敵なプレゼントになりますね」

「高田さん、予算的には少し上の、それとこれも見せてくれますか？」

新たに二本のご要望がありましたので、新たに二本をお出しする際に、私がお勧めした二本をケースに戻そうと手に取りました。

「高田さん、それも出して置いてください、どれも素敵なので……」

私はこの時、なんとなく嫌な予感がしたのです。

ケースの上には七本のダイヤリングをトレイに一列に差して、同時に個々の陳列ボックスを手前に並べました。

お客様は一本の立爪リングを指にあてながら、隣のケース内のダイヤ一文字リングに目を移しています。

「髙田さん、この立爪と一緒にする一文字リングを見せてくれませんか?」

「そのリングに一文字を重ねてなされば、より一層豪華になりますね」

私は、まずお客様の手から目を離さずに隣のケースの鍵だけを空け、いつでも取り出せるような態勢をとりました。

私の中で何か不安を感じるものがあり、お客様へのシグナルとして個々の陳列ボックスを手前で何度も数の確認仕草を嫌みなくしていたのです。この仕草は善良なお客様であれば、まったく気にはならず、そうでなければ抑止になるはずです。

仮に良くないことが起きるとすれば、私が隣のケースから一文字リングを取り出す際、一瞬、前のトレイから私の目が離れる瞬間ではないかと感じていました。

「お客様、それでは一文字リングと合わせてみましょう」

私は既に右隣ケースの鍵は開けていたので、素早くリングを出したその瞬間、お客様の右手がコートの右ポケットに入ったのです。

ダイヤを取り出す際に、私の身体は右斜めになりましたが、左目はしっかりとその状況を捉えました。

私は心の中で、なんで、なんでそんなことをやっちゃったかな～絶対にしないで欲しいとの願いは叶わず、悲しくも感じたのです。

ケース上の個々の陳列ボックスは合計八個、お客様の指に二本のリング。トレイに差してあるダイヤリングは五本です（立爪のダイヤリング一本紛失）。

お客様は何事もなかったように二本のリングを指に嵌めて見ています。

「髙田さん、この二本の指輪が気に入りました。合わせて百万円を超えてしまって予算オーバーですが、これなら主人も喜んでくれると思います。お蔭で良い物を選んでいただいて有り難うございます。主人とは、五時半にここで待ち合わせをしているので、この二本のリングのお取り置きをしてもらって良いですか？」

お客様はお名前をBと告げて、笑顔で立ち去ろうとしています。

一対一での接客で、このようなケースは滅多になく、私があれほど信号を送っていたのに、よほど甘く見られていたのでしょうか？　自分が情けなくなるとともに、多少の怒りを感じたことを思い出します。

※これは実際に私が経験した一つですが、皆様はどのように対処されるでしょう。
正直、私の両足だけが僅かに武者震い、このままお帰りいただくわけにはいきません。

名誉棄損などが頭を過る中、私がとっさにとった行動は……。


「B様、大変申し訳ありませんが、私はB様のご指摘をいただいたダイヤRを含め、八本のリングをケースからお出し致しました。個々のリングの陳列ボックスも八台あります。ですが、ケース上にあるダイヤリングは七本です。こちらには落ちていないので、B様の足元に間違いなく落ちていると思います。申し訳ありませんが、ちょっと見ていただけませんでしょうか?」

まずは、B様の引き留めを刺激しないように共感を求めての話から始めます。

「え〜、こちらには落ちていませんよ! なんだか気分悪いわ」

B様は、下を見回しながら落ち着かないご様子です。

「そうですよね、せっかくの記念日のプレゼントなのに……ただ、一本紛失しているのは確かなので、もう一度足元を確認していただけませんか?」

「何度見てもないですよ! そう言えば先ほど私の後ろにカップルがいましたよ、その人たちが、もしかしたら……」

「いえいえ、B様の後ろでしたら、私の正面なので気がつきますが、どなたもいません。私とB様の二人だけです。いずれにしても紛失していることは事実ですので、私の責任問題にもなり、会社からも追及されてしまいます。B様には申し訳ありませんが、私のためにも是非ご協力ください。すべて台帳管理されていますので紛失したダイヤリングの特定を速やかにしますので、少しの間、応接室でお待ちいただいても宜しいでしょうか？」

「別に良いですけど！　早くしてくださいね」

「ご協力ありがとうございます。今、ご案内させていただきますので……」

私は近くにいた上司を呼ぶと、課長は商談と思いニコニコしながらお客様にご挨拶。

課長は四月に他部門（宝飾品は未経験）から人事異動で着任したばかりでした。

課長には簡単に状況を説明し、応接間で一緒にいてもらうようお願いをしたのですが、突然の信じがたい話に、課長の顔は一変して強張り、声を荒げて、

「何を言っているんだ、お客様に失礼だろう！」

B様にもご理解をいただいている旨を、そして深刻な状況を再度課長には説明し、お客様を応接間にご案内してもらったのです。

実は、課長と話している間に、B様の動きの変化を見逃しませんでした。

それは店内も外気と同様に寒さを感じる温度でしたが、Ｂ様はオーバーの右ポケットからハンカチを出して、顔の汗を拭うような仕草をしたのです。

そしてその手が首筋のタートルネックとハンカチが交差したことも……。


入社以来宝飾品売場で勤務し、売上と同様に商品管理の重要性をしっかりと身につけた習性でもあります。

すぐに部長や防護部に連絡。日頃から連携をとっている防護さんは有り難いことに「あなたの言うことなら」と直ちに所轄の警察へ通報したのです。

通報後間もなく、男性刑事さんと婦警さんの二人で来られました。

私は数人の防護部員さん立ち会いの下、詳しく状況を説明した上で、紛失したダイヤリングは間違いなく、お客様の右ポケットからタートルネックの中にあることも強調したのです。

その説明をしている最中に、ちょっとしたハプニングが……応接間でお客様と一緒のはずの課長が急ぎ足で出てきたのです。

「お客様がトイレに行きたいと言っているが、どうしよう」

ダイヤはお客様のタートルネックの中にあることを課長に話し、すぐに戻ってもらうよ

うお願いしましたが、その間二、三分……大丈夫だろうか？（もちろんトイレはＮＧです）

お客様と一緒だったために、課長に詳しく説明ができなかった私のミスです。

「さあ行きましょう」と刑事さんに促され応接室に向かいました。

応接室には、課長とバトンタッチした私と男性刑事さん、そしてお客様の三人です。

「通報を受けて来た警察だけど！　ダイヤリングが一本なくなったということでね！　あなたはこの社員さんに疑われているからね！（えー、そんなことを言う？）いろいろと話を聞かせてね、まず住所と名前を教えてくれる？　まあ、その場に二人しかいなくて、なくなれば疑われるよね、今の状況は分かっているよね！　まあ、社員が盗もうとすれば誰もいない時に簡単にできるからね」

刑事さんの言われることは、その通りだと思いますけど……プロは凄いなー。

「あなた、疑われているのだからしょうがない、持ち物を全部テーブルの上に出してくれる！」

刑事さんは、ハンドバッグを逆さまにして中身をすべてテーブルの上に出して、一つひとつ丁寧に確認しています。メモ帳の各ページを丹念に……そして印象に残ったのは、たばこの中身を全部出して空箱の隅々まで見ています。確か、刑事さんにはタートルネックの中にあると言ったはずなのだが……。

「ないねー、持ち物はすべて見たけど……しょうがない、外に婦警が来ているので、全部見てもらおうね、じゃあー、婦警が入るから男は出ましょう」

ここでそうなるんだ、今までの所作はゴールに着くまでのマニュアルなのか？

私たちが部屋を出ると、待機していた婦警さんに刑事さんが耳打ち、婦警さんは軽く頷いてすぐに応接室に入っていきました。

なるほど！　と思った瞬間、またまたハプニングが……。

若い婦警さんが部屋から出てきて、「すいません！　私、無理です……できません」

その婦警さんのひと言に刑事さん他全員が固まってしまった時、普段から親しいベテラン女性防護部員のAさんが「私が行きます」の言葉と同時に応接室に入っていったのです。

Aさんが応接室に入って二分（即席ラーメンよりも早い）。

「出ましたよ！」とAさんの右手には八十二万円の値札付ダイヤリング。

良かった〜。正直、ホッとして身体の力が抜けていく瞬間です。因みにこの若い婦警さんは、交通課から異動になって初めての経験だったそうです。

「Aさん、とても早かったけど、どのようにしたの？」

「髙田さんから聞いていたからね、『社員が見ていたのよ、あなたはポケットから首筋に入れたでしょ、服は脱がなくて良いから、自分で出しなさい！』と一喝しただけよ」とニコニコしながら話してくれました。

経験を積んだプロは女性でも迫力が違います。

この事件の顚末として、結果的には良かったと思いますが、対応プロセスはどうであったかを皆様と検証していきたいと思います。

※皆様もお気づきだとは思いますが、このお客様はプロではなく、初犯か否かは別にして素人であったことが未然に防げた最大の要因です。

もしも、プロであったら、商談中に私の抑止行為を敏感に察知し、間違いなくこのような行為には及ばなかったと思います。

また、応接室での空白の三分（課長の退室）も見逃すはずはありません。

私の正面、お客様の後ろにカップル？　この言葉で確信もしたのです。

そして複数のプロが集団で計画的に実行した時のことも想定し、内部連携も日頃から徹底しておかなければいけないと真剣に考えさせられました。

まずは、この対応プロセスの中で、私自身……いくつかの反省点があります。

一、商品をケース上にお出しする本数が八本になったこと

自分で管理ができる数に個人差はありますが、一般的には五本までとされています。

確かに、お客様からの要望であっても八本は出し過ぎで、相手の立場で考えたら、販売員が管理しにくい状況を作れたと感じることでしょう。

私の接客経験での多くは、逆にお客様から五本でも商品が絞りにくい、そして高額商品を無造作に何本も出されて、押し付けられ感も相まって、敬遠される傾向にありました。

したがって、お客様との会話の中で必要のない物を確認し合いながら、多少強引であっても二本ケースに収めてから、新たに二本出す。

その動作によって、より強い抑止になったと思います。反省です。

二、このようなケースで連携したシミュレーションができていなかったこと

応接室での空白の三分間など……一瞬でも目を離しその間にどこかへ隠されたり、仮にトイレへ行かれて流されでもしたら、それから首筋ではなく、ダイヤを取り出しやすいポケットのままであったら簡単に廃棄していたのではないかと考えてしまいます。

いずれにしても、お客様がその時に所持していなかったら、私はもちろんですが、取り返しのつかない事態になっていたと思います。反省！

三、**私がその場で、「お客様、タートルネックの中に入れた商品を出してください」と単刀直入に言えていれば、もっと簡単に終わっていたかも知れません**

ただ、商品から目を離さず、お客様の手の動きもしっかりと見ることはできましたが、お客様が握った手の中のダイヤリングを確認することはできなかったのです。

そして私はお客様がこの場から立ち去ることだけは阻止しなければと、とっさに出した言葉、「そちらに落ちていると思います……」が、結果として良かっただけで、適切だったのかは疑問が残ります。

いずれにしてもプロの窃盗犯でなくて良かったとしか言いようがありません。反省！

この事件について検証と自分の反省を書きましたが、商品から目を離さないことが基本であることだけは間違いありません。

皆様だったらどのように行動したかを考えておくのも良いと思います。

そして数年後、私は銀座店から本店宝飾品売場に異動となりましたが、店舗自体、建物の歴史を感じる格の違いや、その大きさにワクワク、ドキドキです。

その後、すぐに働く仲間たちの危機管理意識の違いを感じとることができました。

その意識の違いとは、お店のロケーションにあります。


銀座店は、当時総売場面積が本店の三分の一程度の規模でありながら、来店されるお客様の数は地域的なこともあり、本店に負けない状況でした。

しかしながら、お客様の滞留時間や、一人当たりのお買い上げ金額の違いから、月の売上額はもちろん本店が圧倒していたのです。


私が初めて本店に異動になった時に感じたことは、同じ会社なのに……地下鉄でたった三駅離れているだけなのに……働く社員・パートナーさんたちも別人のように、おっとりと優雅にさえ思えて、本店の凄さに圧倒されたことを思い出します。

私は入社以来、二十三年間銀座店宝飾品売場一筋で育ちました。

本店に来て、その環境やロケーションの違いによって危機管理意識に大きな違いがあると感じたのです。

例えば私がプロの窃盗犯だとして、売場で、販売員の隙を見て指輪を持ち逃げしたとしましょう。

当時の銀座店は店舗も狭く、人込みに乗じて逃げやすいのです。本店はとても広くて、一階に逃げるにしても大変困難で捕まる可能性大です。したがって働く人の感覚も管理という面ではやや鈍感になるのも頷けます。

社員は定期人事異動もあり、いつかは本店以外の環境に置かれる場合もあります。私が、今まで経験したことや基本的な商品管理をしっかりと皆さんに伝えることで、転勤によりどこのお店で働くようになっても共通した危機管理の意識改革を、今本店で私ができるミッションと決めたのです。


まず私が実践したことは、宝飾品ブランドブティックのショーウインドーの鍵です。数百万円から数千万円のジュエリーが陳列されていましたが、鍵は一か所です。無理を言って鍵を二か所にしてもらいました。

プロの窃盗犯は隙を見て鍵を開けるのに一分あればと言われています。二か所を開けるには三分以上……微妙ですが躊躇するには充分な時間だからです。

蛇足ですが、先にスーパーブランドの話をしましたが、最初に担当したのは革製品で有名なブランドLでした。

就任して五日目、私は交代休日でしたが、スタッフからレザーウエアーの十九万八千円が盗難にあったとの報告を自宅で受けました。

すぐに出社し速やかに状況確認後に部長へ報告し、社内的諸手続きを済ませました。

Lブティックは、本館出入り口の一つに面した場所にあります。

そこには一万五千円のネクタイから数十万円のバッグ、ウエアーが陳列されています。


私が育った売場は数万円のネックレスまでが鍵のかかったケースの中です。

数十万円もするバッグが、そしてブティック内に数十本のネクタイが陳列され、その下にあるストックの引き出しには百本以上入っています。

レザーウエアーの盗難を目の当たりにし、その状況は、引き出しを開けてネクタイを纏めてショッパーに入れる時間は十秒、出口までは五秒、果たしてこの状態で良いのかと考えるのは、今までの商品管理に対する習性でしょうか？


L社と引き出しの鍵や防御態勢（バッグやウエアーに釣り糸を通す）について打診をしましたが、「とんでもない、美観を損ねる」とのことで聞いてはくれません。

私は決して諦めません。

当時L社との契約で、商品の紛失、盗難での損失は百貨店の負担だったのです。

責任者としては、そう簡単に妥協するわけにはいきませんよね！

純利益二十万円を生むのにいくらの売上が必要だと思っているのでしょうか。

少ないスタッフで接客していて、盗難の現場を見ても対応ができない状況や、安心して接客できない等、担当社員やL社のスタッフをも味方につけて、あの手この手で了承に漕ぎ着けたのです。

支店を含め当社の店舗では初めてだと思いますが、バッグやウエアーにコードを通し、ネクタイストックの引き出し及び小物陳列ケースに鍵を設置したのです。

当初はスタッフの皆さんも違和感を持っていましたが、習慣となれば利点が多く、安心して商売に専念ができると喜んでもらったのです。

今でこそほとんどのスーパーブランドでも、盗難防止センサーは必須アイテムですが、当時としては珍しく、その後センサーもより良く改良されていったのです。

その都度何回かスタッフと、感心しながら取り換えたことを思い出します。

スーパーブランドでの、商品管理にちょっと手を焼いた話はここまでにして、宝飾品で働く仲間の意識改革に戻ります。


ある日の宝飾品売場でのサービス朝礼です。

社員とパートナーさん合わせて四十人、ダイヤモンドのケースサークルを取り囲み集合。

今日は接客スキルアップの《切り出しトーク》から《きっかけ言葉に返し言葉》のロールプレイングです。

配役は、接客者にダイヤ担当の女性パートナーさん、お客様役は男性の私と、女性社員の即席カップルです（他の人は周り三百六十度から見ています）。


「始め！」の合図でスタート！

カップルがダイヤモンドのケースの前で立ち止まり、〇・五カラットのダイヤの立爪リングを見ています。

「いらっしゃいませ、こちらのブランドはカットのプロポーションが良いのが特徴でとても輝きが良いんですよ！」

接客者は切り出しトークをしながら、私たちが見ていた五十万円のリングを何気なくケースから取り出し目の前へ置きました。

「確かに綺麗ですね！　実はまだ先の話ですが、そろそろ婚約指輪なのかなと思っているんですよ！」と私。

「それはおめでとうございます！　とても綺麗なお嫁さんですね！　ご予算はこちらの指輪ぐらいで宜しいでしょうか？」

「もう少し上でも良いのですが！　〇・五以上は欲しいと思っています！」

接客者はケースの上に新たに〇・五五カラットと〇・六カラットのリングを出してくれました。

「それぞれカラット数が違いますが、やはり比べると大きく立派ですよね！」

価格は六十万円と七十万円ですが、確かに大きくなっています。

「すいませんが！　この〇・六カラットと〇・六二カラットは他と比べて価格が高いのですが、違いは何でしょうか？」とケース内の二本のリングに興味を示します。

「ああ、この二本はダイヤのグレード四C（カラット・クラリティー・カット・カラーのランク）がとても良いのです」

接客者は説明しながら八十万円と八十五万円のリングを出して見せてくれました。

「やはり、説明を聞いて良い物を見るとね、これを嵌めてご覧！」

私は隣の女子社員に八十五万円のリングを手に取って差し出したのです。

「えー、こんな高い物は……私は最初に見たこれが良いです」

「お嬢様はとてもお幸せですね」

「今日、見せてもらって大体のことが分かったので、来週また来ますね。次回は決めたいと思いますので宜しくお願いします！　有り難うございました」

ロールプレイングは、周りの皆さんからの拍手で終了です。

私は、早速周りでしっかりと見ていた皆さんの何人かを指名し、評価を聞きました。
○お客様がご覧になっているダイヤリングの長所から《切り出しトーク》ができていたのでとても流れが良かった。
○お客様から「結婚」という《きっかけ言葉》に対して「おめでとうございます」と共感性ある《返し言葉》ができていた。
○ご予算を上手に聞き出すことができたのではないでしょうか。
○ケースからダイヤを取り出した際に、同時にお客様の指に嵌めていただいた方が良いのではないかと思いました。
○女性の方に、お話をお聞きできたら、もっと良かったと思います。
○終始、笑顔での接客にお客様から好印象を持たれたと思います。

○女性から「こんな高い物は……」の《きっかけ言葉》に対しての「とてもお幸せですね！」の《返し言葉》も良かったと思います。
○ダイヤのグレード四Cでカットだけではなく、他も説明できたら良かった。
○また自分を訪ねてもらえるよう名刺の裏に今日ご覧いただいたダイヤの特徴を書いてお渡しできたら良いのではないかと思います。
ご意見や評価はいろいろとありましたが、すべてごもっともです。

接客者の方に「なるほど」と思ってもらえれば成功です。

最後に私からの意見として、女性から「こんな高い物は……」の《きっかけ言葉》に対しての《返し言葉》の提案です。

女性は、遠慮されて男性にあまり負担をかけさせないよう配慮しますが、ここでは必要がないこと（何故なら将来のママ友の話題の一つになることも……笑）。

婚約指輪はご主人の価値やプライドでもあり、生涯一度の愛情表現でもあります。何よりもお二人の一生の思い出と共有財産なのですから。

そして皆さんには、他に気がついたことがないかを確認して終了。

解散して通常の朝礼場所に集合しますが、ダイヤの担当で、今までの接客者がケースに商品を収めようとしていますが何やら手間取っていて集合に間に合いません。

そうなのです、私の今日のロールプレイングの目的は……皆さんの前で、私の右手の中のダイヤリング（六十万円の値札付）を見せたかったのです。

ロールプレイング中はケース上に、接客者が管理しやすい五本のリングが出ていましたが終わって解散後は四本です。

接客者も、周りで目を凝らしていた約四十人のプロ販売員さんも、そして隣にカップルとして一緒だった女性社員もまったく気がつかなかったのです。

この状況は少しさかのぼって思うと、当然のようにも感じる出来事がありました。

それは、売場の皆さんを指導する立場である管理職の方たちの意識の欠落です。

私は、ある年の二月、スーパーブランドから宝飾品責任者として異動し、当月は棚卸月でもあり、私が行う膨大な商品管理もこれから始まります。

私は棚卸に備えて台帳チェックをすることにしました。どの店舗でも商品を台帳管理し、定期的に商品との有り付けを閉店後に行うのが通例ですが、その形跡は見られず、最近は台帳と商品の照らし合わせができていないようです。

台帳と商品それぞれに番号があり、売上伝票や返品伝票と照合し、台帳には定期的に日付を記載していきます。二人一組になって、一人が現存の商品番号を読み、片方が台帳に押印するのですが、案の定、高額商品が一点不明です。

徹底的に調査をしたところ、当該商品は半年前から不明だと判明しました。

前任の責任者と現在では私のアシスタントマネージャー二人にも状況確認をしましたが、明らかになることはありません。

通常は月一回の商品有り付け業務の怠慢から、起こるべきして起きた人災とも言えます。その後当分の間、商品の有り付けを事前に日程を決めて月に二回実施したのです。

たとえ不明品が出たとしても最長で二週間、当該商品の追っかけは容易であり、社員の商品管理に対する意識を持たせ、その真剣な姿勢を見て多くのパートナーさんたちの管理に対する気づきにもなるのです。

今まで不明品があった場合には、社員だけで調査をしていたとのことでしたが、私はパートナーさんを含め全員に朝礼などで開示し協力依頼をしたのです。

それはそれぞれ自社の商品を管理しているパートナーさんたちへの意識改革でもあるのです。

引き続き商品管理についてのお話ですが、共感性ある会話が如何に必要なのかは、お客様を知るための大切な手段だからでしたね、その目的は、お客様に如何に喜んでお買い物をしていただけるか、言わば販売成就が最大の目的です。

ですが、極々稀に心ないお客様もいることだけは忘れてはいけません。

接客中に多少でも不安を感じた時には、できれば周りの誰かに伝えたいですよね。

私は、先の事件でのことを参考にし、売場で働く社員・販売員さんたちに同じ思いをさせないためのある行為を全員に徹底してもらいました。

もしも接客中に少しでも不安を感じたら、「お客様、ちょっと失礼します！　〇さん、先ほどのお客様から、お電話がありますので宜しくお願いします！」と周りにいる販売員に告げるのです。

その伝言を聞いた人は「はい、分かりました！」と答え、責任者の私に報告してもらう一連の動作です。

報告を受けた私は、さりげなく近くに行き様子を見ます。

その後の対処方法は観察した上で決めれば良いのです。

場合によっては、私が「お客様失礼致します！　〇さん、お客様から急用とのことでお電話がつながっています」と伝え、失礼をお詫びした上で私とバトンタッチします。

すぐに接客者は戻り、お客様には自然な形でご対応は二人体制になります。

善良なお客様であれば、二対一での楽しい会話になりますが、心ないお客様であれば未然の抑止にもなるはずです。

関連した話をもう一つ、銀座店時代に戻って紹介したいと思います。

他の売場で起きた事件の原因を参考にし、宝飾品売場で商品管理体制強化の一つとして、自分の趣味を兼ねたあることを実施しました。

皆様の参考になるかは分かりませんが、銀座店宝飾品売場は上層階でしたが、一階にはアクセサリーや化粧品など、比較的若いお客様のニーズに合わせた売場が多く、毎日のように混雑していました。

アクセサリー売場はお取引先が多く、派遣されるパートナーさんたちの中には、短期間勤務の方も少なくありません。

したがって他社との交流も少なく、お互いがライバルのような関係でもあったのです。

アクセサリー売場のサークル形態は、一のケースはA社、隣の二のケースはB社と区分けされている形が多かった時期の話です。

そんなある日のお昼時、A社のパートナーさんが食事に行った留守を見計らい、スーツ姿の男性が大胆にサークル内に入り、B社のパートナーさんに笑顔でご挨拶!

「こんにちは！　A社営業の●●ですが、いつもお世話になっています！　当社の○○は食事ですか？」と笑顔で話しかけます。

「ああ、こんにちは！　今、行ったばかりですよ！　社員食堂にいると思います」

「有り難うございます！　〇〇には話し済みで、多少の商品入れ替えだけですから……」

A社〇〇さんが売場に戻った時には、ケース内の商品の半分以上が消えていたのです。

犯人は何日かの下調べをした後の犯行だったようです。

大胆な手口ほど、なかなか見抜けないものですが、最大の原因は各社のパートナーさんたちの関係がとても希薄であり、自社の商品には目配りできますが、他社に対しての無関心さが引き起こした結果ではないでしょうか。

この話は防護部員のSさんから聞いたのですが、どこの売場でもあり得る話です。

Sさんからは、「信じられないよ！　宝飾品は大丈夫だと思うけど、気をつけてよ！」

お互い笑顔での会話でしたが、本当に他人事ではありません。

月に二回ぐらいはパートナーさんを含め、居酒屋談議をしていますが、参加してくれる方が比較的に多かったのです。

その理由の一つに、宝飾品売場のパートナーさんたちは長期的な派遣者が多いため、日々の販売で助け合う、そして毎日気持ち良く働きたい！　との協調性意識が高かったのではないかと思います。

そうは言っても銀座店では社員を含め三十人以上が一緒に働く売場ですから、お酒が進むにつれて社員・同僚パートナーさんたちへの不満がちらほら聞こえてきます。

「社員の××さんはいつも……だから困る」

「彼はいつも出勤が遅く掃除をさぼる」

「あの人の販売の仕方は……」

「彼女の接客態度が……」等など。

いつも最後は「髙田さんが悪い！」で意見が纏まり一件落着。


こんな飲み会ばかりではありませんが、なんとなく楽しい飲み会に、皆さんが毎回気持ち良く参加してくれることが、私はとても嬉しかったのです。

私は、日頃から朝礼で皆さんにどのような内容でも自分の言いたいことがあれば、他の人には内緒で、告げ口でも、悪口でも、プライベートなことでも私に話してくれるよう徹底してもらっています。これが皆さんには意外と好評でした。


「髙田さん、ちょっと話したいことが……」

このような声がけが何回となくありました。その場合の多くは、他の販売員さんに対する態度や対応の不満も多く、私は快く応接室で内容を聞いた後、その相談者には二週間後にこちらから回答させてもらうことにしています。

私は日頃から森はもちろんですが、個々の木もしっかりと見ているので（笑）、おおよその見当や結果は想定できますが、相談内容と当該者を含め、改めて自分の目で注意深く確かめます。相談されたことが事実であれば、相談者に関係なくその場で注意をしますが、逆に相談者を指導する場合も少なくはありません。

それは、内容が一方的な話ではなくお互いが反省すべきことも多かったからです。

そして私が思いついた商品管理面強化のための推進策は「派遣友の会」なるものでした。

派遣友の会

自分の趣味での思いつきでふざけた話ですが、意外と好評だったのです。

宝飾品Ｈｏ社のＯさん・Ｈａ社のＫさん・Ｕ社のＹさん、そして隣の時計売場のＩさんを中心に、パートナーさんたちだけの居酒屋談議を勧めたのです。

同じ立場でのノミニケーションで、皆さんにはライバルではなく、協力者であって欲しい。そしてお互いにサポートしやすい環境作りを構築したいがための提案でした。

お客様の思いを遠回しに無視し、自社の商品を強引にお勧めするだけではいけません。結果的にお客様は迷われたり、ご不快な思いをされたりして帰られることも多いのです。どこの社の誰が休みであっても、お客様のニーズに合った商品をご提案できる雰囲気や体制によって売上も伸ばせるのだと思います。

この会の提案は、日頃からの習慣の延長のようなもので、皆さんには何の抵抗もなく簡単に受け入れられたのです。

いつもの飲み会は、私がほんの少し多めに支払うだけでほとんど割り勘同様だったので、私がいなければ、もっと楽しく飲み会談議ができるのではないかと思ったのです。

「昨日の『派遣友の会』は盛り上がりましたよ、髙田さんの話題も出たし！（良い話か悪い話か?）次回から幹事を持ち回りで、日程も決まりましたよ」とU社のYさん。

回を重ねるごとに報告の内容もレベルアップして、時々居酒屋から六本木・赤坂のワインバーにも、そして一泊で温泉旅行等々（ちょっと……やり過ぎじゃないの）。

やはり皆さん、私より裕福だ！　もっとお給料増えるよう頑張らなくては（苦笑）。

そしてこの「派遣友の会」のお蔭で売上や商品管理面でも協力体制が伴い意識向上に役立ったことは言うまでもありません。

また、この会がもたらした好事例も……？　それは、私の業務の一つでもある、新しく入る派遣社員の面談から始まり、研修期間三か月間は、仕事のスタンスや適合性を見させてもらい、一か月目の面談と三か月後の最終面談で、正式に長期派遣として、お手伝いしてもらうかを判断する業務での出来事でした。

新しく来られるＨｅ社のＡさん（二十代の女性）と履歴書を前にしての面談です。販売経験はありましたが、私から彼女へは笑顔と話し方の指導をして実習の始まりです。

一か月が過ぎ、私としては満足がいく接客ではないと判断しています。その旨を面談で指摘した上でもう少し様子を見ることにします。

その後、他社のパートナーさんから注意や指導を受けている様子も窺えます。

そして二か月を過ぎたある日、Ａさんの印象は多少良くなってはいましたが、私としては満足できず、あまり引き延ばすことなく早めに結論をと思っていましたが、派遣友の会、Ｏさん、Ｋさん、Ｙさんがこの件で私に話しかけてきたのです。

「髙田さん、申し訳ありません！　みんなと話し合ったのですが、Ｈｅ社のＡさんの今の仕事振りと、普段の髙田さんを見ていてどう判断するかを、みんなが心配しています。先日の会で、そのことが話題になって話し合った結果、私たち全員でＡさんを指導していくので、なんとかもう少し猶予をもらえないでしょうか！」

通常は自分の信念をあまり変えることはないのですが、日頃から冗談を言いながら働く仲間たちから、あんなに真剣に真面目な顔でAさんのことで相談されるとは夢にも思わずビックリ、いや！　それより感動してしまいました。

その後Aさんも、仲間の皆さんの期待を受けて働き方も徐々に良くなっていったのは言うまでもありません。

他社の人のために、皆さんが声を揃えた話は、今まで経験したことがありません。

皆様の中には、「責任者として髙田は甘い！」と思われる方もいるのでは？　そうかも知れません。私の現役時代に上司や先輩たちと飲みに行くと、「髙田は部下やパートナーに甘いよ！」と説教されることもあったのです。

ただ、私が甘いと言われるのは上司や先輩たちだけであり、働く皆さんからは一度も聞いたことはありません。私は、責任者としての理想がそこにあると思っています。

隊長は兵隊を自分の思いのままに指示をするだけでなく、責任者は皆さんの兵隊となって動くのです。

それはもちろん、言葉通りの実働ではなく、皆さんが安心して働けるような環境作りに汗と知恵を出すことから始まります。

そして「責任者が休みの日は伸び伸び仕事ができる」「責任者がいない方が、売上が伸びる」等との言葉は絶対に聞きたくないし、言わせたくもないのです。

私にとって共感性や甘さは職場の風通しを良くするために必要なツールでもあり、売場の皆さんの風よけや楯になって働くことが信頼にもつながることなのです。

取引先の社長さんやショップ店長から、ニコニコしながら「髙田さんだけは怖い」と言われることが何度かありました。

それは、どのお取引先さんに対しても商品には妥協をしないことや、他と歩調を合わせないブティックなどには、ブティック店長としっかり理解してもらえるよう話すこと。リーダーの考え方を変えることによりブティックメンバー全員が変えられるからです。

そのようなスタンスを、そう感じとったのではないかと思っています。

別に声を荒げて叱ることや怒鳴ることなどせずとも、厳しさを感じさせることはいくらでもあるのです。

不審な点は見逃すな！

売場の皆さんも通常業務の中で、私の言動や行動を見ていれば、誰かが自覚した上で、信頼を損なうようなことがあった時の恐い私を、容易に想像できるはずです。共感性ある「甘さと怖さ」を持ち合わせることが、私が思う理想の責任者なのです。次の事件も警察にお世話になった話です。皆様と考えていきたいと思います。

ある日、宝飾品売場にダークスーツにネクタイ、四十代半ばの紳士がご来店になりました。右手には少し大きめのアタッシュケースを持ち、色石リングのケース前で、ベテラン女性パートナーさんがニコニコしながら接客をしています。私も、多少遠目で見ていましたが、とても和やかで良い会話ができているようです。

お客様は接客者に、ご自分が持参されたアタッシュを陳列ケース上に置かれて、少しだけ開けて、中身を見せているような仕草も窺えました。

何か面白い物が入っているのか、お客様も接客者も笑っています。

余談になりますが、アタッシュケースで思い出されるのが、歌舞伎界の大御所である、故I先生のことです。先生は当店をこよなく愛してくださり、お忙しい時間をぬって宝飾品売場にもたびたびお越しいただいたのです。

「今日は面白い物が手に入ってね！」

ダンディーなスーツ姿でアタッシュを取り出して、珍しい物を見せてくださるのです。もちろん売場全員で大喜びです。その時の先生の笑顔は無邪気で誰からも愛される方でした。

そんなある日、私がデザインしたダイヤ入りのネクタイ止め（オリジナル商品）を十点限定で作成し銀座店と本店で販売。本店でご覧になったお客様がわざわざ銀座店に来られ、私を訪ねてお買い上げいただいた嬉しくもある面白い商品でした。

その商品をご購入いただいた最初のお客様が先生でもあったのです。

そんなある日の閉店後、私は二人の同僚と銀座の街をふらふら、そこで先生とバッタリとお会いし、先生の馴染みのお店でご馳走になったことなど今でも思い出されます。

我々みたいな者にも気さくに接してくださる最高に素晴らしい方でした。

その後、十年以上、ぱったりとお見えにならなくなり、どこか体調を崩されていらしたのはなんとなく知っていましたが、突然の訃報をテレビで知り、私を含め先生のお人柄を知る社員、パートナーの多くが、大変ショックを受けたのを思い出します。

話は戻り、同じようなアタッシュケースではありますが、この男性客はまったく正反対のとんでもない男だったのです。

販売員のYさんが接客して、二十分ぐらいが経ったでしょうか……。

Yさんが二本の指輪をトレイに載せてお客様を伺いカウンターにご案内したのです。

お客様にお座りいただき、Yさんは指輪（ルビー二百八十万円とサファイヤ二百二十万円）をトレイに載せて笑顔で私の元へ来ました。

「髙田さん、良いお話です！　あちらのアタッシュをお持ちのお客様が二本買うので、値段を交渉したいと言われています。アタッシュの中身は現金で一万円札が束でぎっしりと詰まっています。一緒に伺ってもらえますか」

Yさんの弾んだ声に、私も笑顔で「待ってました！」とばかり喜んで、お客様がお座りになっていらっしゃるカウンターへ伺い、この上もない最高の笑顔で、改めてお客様にご挨拶を致しました。

「いらっしゃいませ、髙田と申します！　お客様、こちらのルビーもサファイヤも、とてもお色が良いですね」

お客様（E様）は、私のネームプレートで名前を再確認されて、

「髙田さんですか、できるだけ安くしてくださいね！　私が後援しているMに以前から約束をしていましてね、プレゼントですよ」

Mさんとは、あの業界の有名な男性でしょうか？

「髙田さん、ちょっと連絡入れたいので売場の電話を貸してくれませんか」

お客様はアタッシュを持ち、売場サークル内の電話を使用し大きな声で話し始めます。

「ああ、Eだけど、Mは今いる？　ああ～そうなの、じゃあ、伝えといて！　前からの話だけど、良い物が見つかったので、明日の三時に行くから……明日は時間がないので、必ず伝えておいてよ！」

お客様は席に戻ってこられ、「参ったよ！　あいつは何時も忙しい振りして、肝心な時にいないんだから、まあ、いつものことだから良いんだけどね」

お客様との話の中で、やはり有名なあの人へのプレゼントだと分かりました。

「お客様、凄いですね！　私もMさんが、現役だったころは大ファンでした！　奥様もきっと喜ばれるでしょうね」

「前からの約束だからね、そんなわけで二本買うので……」

デパートは適正価格で販売。通常値引きはしないのでこの部分のお話は省きましょう。

「指輪のサイズやイニシャルなどは後日無料でお受け致しますので、その旨を名刺の裏にお書きして、明日ご用意しておきます」

「ああ、そうだね！　その名刺と指輪を持ってくれれば良いんだよね！　Mには、そのように伝えておきますよ」

お客様は、私にもアタッシュケースを足元で少し開けて中を見せてくれましたが、まるでテレビサスペンスの誘拐事件で見る身代金のような感じです。

「髙田さん、明日の二時に秘書と一緒に来ますが、時間がないので二本の指輪は、プレゼント用に包んでおいてください！　実は今日も下に車を待たせていて時間がないので、なんでしたらこれを預けていきましょうか？」

お客様は、現金入りのアタッシュケースを私の前に置いたのです。

「有り難うございます。それはお預かりできませんが、今すぐにご入金手続きはできますのでお済ましになりますか？」

「ご免なさい、本当に時間がないので明日にしましょう」

今日も、明日も時間がないなんて……。

「分かりました。それではこちらにご住所とお名前とご連絡先をお書きいただけますか」

お客様の目の前に承り表とボールペンをご用意しましたが……。

「このような買い物なので、いろいろと書き残したくないんですよ、分かりますよね、でも絶対に冷やかしではないので大丈夫ですよ！　ああ、そうだ……こういう者です」

自動車の免許証（当時は住所・名前が明記）をスーツの内ポケットから出して、ちらっと見せてくれたのです。

「間違いなく明日の二時に来ます、くれぐれも時間がないので包んで置いてくださいね」

このお客様は明日の入金手続きの時間は、考えているのだろうか？　何故私に自分を信用させる意味があるのか？　既に私は喜べない心境にありました。

お客様がお帰りになった後、同僚やパートナーさんから「明日の売上は、既にできましたね」「やっぱり後援会などはお金がかかるんですね」など高額売上を期待する言動が飛び交っていました。

部長も「明日は五百万の売上か、大きいね！」と喜んでいます。

その中で私には、どうしても腑に落ちない点がいくつかあって気になっていたのです。

今回の件でも、周りの仲間たちは直接お客様との言動や行動には接してはいないので、私とは微妙に……？　いや大きく感じ方が違っていました。

現在の私は冗談（?）で家族や友人に「一つ覚えると二つ忘れるから何も覚えないよ」と言って笑いを誘っていますが、当時は、お客様が一瞬提示した免許証の住所と名前をとっさに暗記することができたのです（笑）。

私は周囲から「なんで?」と言われつつ、防護部員のSさんを訪ね警備室に向かいました。

Sさんに状況を詳しく説明したところ、「そんなに気になるなら、これから一緒に所轄（警察署）へ行こうよ！」

Sさん、署内では、すれ違う刑事さんたちに右手を挙げて笑顔で挨拶しています。

私から事の顚末を一部始終説明し、メモをとって席を立った刑事さんが五分ほどで、ニコニコしながら戻ってきました。

「Sさん、これは面白いよ！　この男には前があったよ、でもよく気がついたね？　え〜そう、普通は偽名だけどね！　明日二時だって、昼前に詰めるよ！」

私には喜べない、なんとなく憂鬱になる瞬間です。

帰店してから部長に報告。売場の皆さんには夕礼で、ある程度の説明と他言無用。そしてお客様が明日約束通りにご入金をされ、商品を確認後お持ち帰りいただければ、なんら問題のない商売であることを話し、明日は平常心での売場勤務をお願いしました。

状況から言って販売成就の可能性は数％もないことは理解しているのですが……。

当日、お昼前に三人の刑事さんが社員出入り口から入店しました。

もちろん昨日相談した刑事さんも一緒です。部の事務室で部長と私、そして防護部員の

Sさんを含めて六人で打ち合わせです。

打ち合わせ後、お客様がご来店される予定の三十分前から応接室に入り、二本の指輪をトレイに置き、宝石箱、包装紙、リボン、売上伝票には記載できる欄にはすべて書き、手提げ袋はもちろん、すぐにセットできるようオープンにして用意しました。

これでお客様から代金をいただき入金している間に、お客様に商品を確認してもらい、宝石箱に入れて、包装後リボンをかける。

所要時間十分以内でお渡しできる態勢を整え、準備万端です。

私は、刑事さんの指示通り、スーツの内ポケットにピンマイクを装着。

売場内は通常通りの自然な雰囲気で、販売員さんたちは何組かのお客様を伺っています。

お約束の二時を少し回った頃、お客様は昨日と同じ服装で、アタッシュを右手に持ち、秘書と思われる男性と笑顔でご来店。

「ああ、昨日はどうも！　急いでいて、下に車を待たせてあるので……お願いした通り、商品は持ち出せるようになっていますか？」

「いらっしゃいませ、お待ちしておりました！　こちらにご用意してありますので、どうぞご案内させていただきます」

応接室にお二人をご案内し、秘書の方は奥のソファーにおかけになりましたが、ご本人は出入り口の前に立っています。その際アタッシュは秘書の方が持っており、横に置かれていました。あれ！　秘書さんが支払いをするのかな？

「高田さん、どうして包んでいないの？　時間がないんだよ！　あれほど念を押して頼んでおいたのに！　早く包んでくださいよ」

ご入金に関しては一切触れずに一刻も早く商品を持ち出そうとの動きですが、誰が考えても無理な要求です。この時点で私は、この男性の思惑を感じとることができました。そして、私も多少強い口調になり男性に詰め寄ります。

「E様、何かの手違いで包んだ箱の中に指輪が入っていなかったらどうしますか？　ご自身で確認されず本当に良いんですか？　お包みは、ご入金手続きの僅かな時間で簡単にできますから、まあ、どうぞおかけになってください」

「座れませんよ、時間がないので……そのために秘書を連れてきているでしょう！　支払いは秘書がするので早く包んでくださいよ」

「分かりました。いずれにしてもご入金が先なので、（秘書に目を向けながら）お支払いをお願いできますか、お急ぎのようなので」

秘書の方はキョトンとして、男性を見ています。何だ、このリアクションは？

「いや、商品代金は銀行員が持ってここに向かっている、それを秘書が受け取ってから支払いをするよう指示してあるから……」

えー、秘書の横にあるアタッシュは何なのだ、こんな展開の話になるとは。

「そんな話はまったく聞いていませんよ、一体どこの銀行が向かっているのですか」

「ああ、もうダメだ！　これ以上Mを待たすわけにはいかないよ、困ったなあーしょうがない、（秘書に向かって）じゃあー、君は銀行員がお金を持ってきたら、それで支払いを済ませて、商品を持って追いかけてくるように……分かったね」

この男性（お客様？）は私とその秘書に向かって「宜しく」の声を残し、急いで外に飛び出していったのです。

それから間もなく応接室のドアが勢いよく開き、刑事さんの一人が入ってこられ、秘書に向かって「お前は一体何者だ？　共犯だろう？　一緒に来なさい！」

秘書と称する男は依然としてキョトンとしたまま、抵抗するでもなく連行されました。

飛び出した男性も既に応接室前で二人の刑事さんに確保され、そのまま警察署へ連行されたとのことでした。

結末は未遂ではありますが、主犯男性は詐欺・窃盗未遂の容疑で現行犯逮捕。また秘書役の男性は、内容はまったく知らされずに請け負った便利屋さんだったそうです。

ああー、それから札束の入っていたアタッシュケースの中身は、昨日とは違い、すべて、テレビドラマで見るような新聞紙を切った物だったそうです。

それでは、この事件でのポイントを整理して皆様と検証したいと思います。詐欺や窃盗の手段はいろいろとありますが、自分がどこで不審な点を感じるかが重要です。

一つでも首を傾げるようなことに気づくと注意力が増して、その後いくつもおかしなことに、気づきやすくなるものです。

売れそうなワクワク感が先に立ってしまうと、見失うことも大きいのです。

事後に「そう言えばあの時……」とか「なんでそんなことに気がつかなかったのか」では遅すぎます。今回の場合でも、仮に当日の犯行で、値引き交渉もなく、販売員さん一人で接客をしていたならば、札束を見せたアタッシュケースをカウンターに置いたまま、接客者の隙を見て、指輪を握り逃走していたら、おそらく接客者は、アタッシュケースも気になり躊躇している間に逃げられていたかも知れません。

また、札束や免許証さえ見せなかったら、どのような展開になっていたかも……。

いずれにしても、代金引換なので、強引な方法でなければ成功は難しいとは思いますが、凶器などの使用も想定しなければいけないことになります。

お客様に対して多少不信感を持ったとしても、自分が注意をしていれば大丈夫との安易な気持ちで接客していたならば、結末はどうなっていたかも分からないのです。

何せ相手はプロですから……。

※本文と重複する部分はありますが、これらの内容から不審点を洗い出した上で、発生し得る負の出来事を書き出して、皆様と検証してみたいと思います。

【不審と思われる点】

○アタッシュを開けて札束を見せるかな～それも二度、冗談でもそれを預けるなどということは考えられない。

○明日の二時に来店し、「時間がないので、すぐに持ち出せるよう包んでおいて欲しい」との二度にわたって念を押されたこと（いくらお急ぎであっても、お品代金の授受の時間内でお包みはできるのに？）。

そして何よりも、今日何のために札束を持参したのか？　そして見せたのか？

○商品を選ぶ時間はあっても、入金する時間がないというのはとても不自然である。

当日の入金であれば納得はできましたが、翌日の入金手続きは小切手ではないので、通常十分前後はかかる。

したがって「すぐに持ち出せるように！」との要望は理解しにくい。
○売場で後援者に電話をして、「Mはいる？」との大きな声でのパフォーマンスは、あり得ない話ではないが、なんとなく信用させるパフォーマンスに思える。
○最後に免許証の提示、それを見せてまで私に信用させる意味があるのか？
自分の中ではあり得ない話です。

以上の当該男性による言動や行動の内容から、不信感を強く感じたのです。
それでは次に、そこから起こり得る負の想定を考えてみることにしましょう。

【起こり得る負の想定】
○秘書の人が一足先に来店されて入金手続きを速やかに行い、少し遅れてご本人が来られ、既にパッケージ済みの商品を急いで持ち帰る。
当日リングが入っていなかったと主張され、後援者の前で恥をかかされたと激怒し、売場に怒鳴り込むことも想定できます（途中でリングを抜き包み直して贈答者の前で開けてみせて証人にする）。
お包みするのに数分程度なのに、強く主張されることで可能性は低いが想定はできる。

○男性は来店してすぐに、座わったカウンター上にアタッシュを置く。
販売員が包まれた商品を男性の前に置きます。そして入金伝票を用意し記載中、一瞬の隙を見て商品を持って逃走。

接客者は一瞬何が起きたのか、現金は置いてあると思い込んで右往左往するが、残ったのは新聞紙の詰まったアタッシュだけ……あり得ない話ではありません。
○明くる日は、何事もなかったように来店はしない愉快犯。
このような愉快犯は、状況こそ違いますが、よくある話ではあります（周囲から分からないように見ていてその状況を楽しむ）。
○当日、約束の時間に来店されて、約束事ができていないことに激怒。
その後の対応にもクレームをつけ、もちろん商品は買うことなくその後の展開を楽しむ。

※こんなことも、接客者が不審に思わなければ容易にあり得ることなのです。
皆様も商品カテゴリーの違いはあってもこんなケースに、もし直面したとの想定で、考えてみるのも、今後何かで役に立つかも知れません。

「えー、本当に来てくれるのかな」「売れたら祝杯だ」「とても楽しみ」等と期待感が先行すると、見える物も感じることも希薄になりがちです。

「まあ、ご入金がなければお渡ししなければ良いことだから……」と安易に思っていると、予期せぬ負の結果もあり得るので気をつけましょう。

事前の考えや、対処するための行動が無駄になったとしても、少しでも不信感を感じた時点で、いずれにしても良い方向に向くよう、すぐに行動することが大切です。

それでは、四つめの事件に筆を進める前に、苦情内容の種類とクレーマーには、いくつかの型があることを、前もって紹介したいと思います。

既にお話はしましたが、サービス苦情の大半は、販売員の接客技術の未熟さを自身が認識できないまま、お客様にご不快な思いをさせていることによるものです。

接客者に対して諦めと妥協の二文字で立ち去ってしまうことも多いのです。

そんな接客者は販売歴ばかり積み重ね、「お客様から指摘される」「責任者を含め、周囲から注意を受ける」「人の経験・体験談を聞く」などの気づきのチャンスを逃してしまい、ただ単に職歴のページとベテランという重荷が増えるだけなのです。

そしてベテランになればなるほど、人の話を遠ざけ、そのような気づきの出会いが、激減してしまうものです。

そのことを意識しながら、いつでも耳は大きく広く、そして意欲を忘れず、参考になることは真摯に吸収し、確実に自分の身につけることが大切です。

「プライドが許さない」「今更聞くのも恥ずかしい」等と思われる方もいますが、プライドとは、そんな所で使うものでもなく、誰にも恥じることはありません。

何をするにも遅いということはなく、認識して実行することが自分や会社のためであり、何よりもお客様のためでもあるのです。

サービスに関する接客苦情の多くは、販売員の接客技術によって容易に防げるのです。即ち顧客満足度を高めることが苦情削減につながるというわけです。

でも、悲しくも寂しいことに、クレーマーにはもちろんですが通用はしません。

僭越ですが、先の例でも三つに色分けをさせてもらいましたが、白・グレー以外の黒のクレーマーの存在です。

そのスタンスの種類を私なりに分類してみると、自分を鼓舞する**優越型**、機先を制し対応者を威圧する**恫喝型**、わけもなく怒鳴り散らす**暴言型**、自分の要求に対しては手段選ばずの**ごり押し型**、相手の弱みにつけこむ**追及型**、弁護士や消費者センターを匂わす**訴訟型**

など、経験上自分なりに分けてみました。

もちろんすべてがクレーマーの手段とは言えませんが、それらに該当する事案も多いのです。その目的は、金品の要求から優越感としか思えない、販売員への叱責や恫喝等など……そしてその手段も巧妙で多種多様です。


巧妙な手口の一つに、販売員を理由もなく怒鳴りつける！　責任者に向かって「こいつはとんでもない奴だ！」のひと言で、責任者はひたすらお詫びするパターンを繰り返す優越型、恫喝型、暴言型の複合クレーマーです。

その手口は、ターゲットにした売場の責任者とは良い関係で味方につけておきます。

そして弱い立場のパートナーに対し、どんな小さな言動や行動のミスも見逃さずに突然激怒し、「責任者の○○さんを呼びなさい！」とのシナリオです。

慌てて出てきた責任者は、型通りのご挨拶後に、お客様から大きな声で「こいつの態度は……」等と激怒され、責任者はひたすらお詫びするとともに、詳しい理由も分からずに販売員に頭を下げさせる。

困ったものです！

土下座して謝れ！

実は私もこの内容に似たクレーム対応を体験しましたので、解決するためのポイントを解説しながら簡単にお話をしていきましょう。

ある日の宝飾品売場で、前任の責任者であり今は私の上司のYさんが、風格と貫録を兼ね備えた男性のお客様にお詫びをしています。

横には男性パートナーさんが神妙な顔をしてうな垂れていました。

お客様がお帰りになってからYさんに呼ばれ、「今のお客様には細心の気配りをしてください。当店がお好きで販売員のちょっとした言葉遣いや立ち居振る舞いのミスも絶対に見逃さずに注意されるからね、その度に大きな声で怒鳴られてしまう。まあ、お客様からのお声として、有り難いことでもあるからね」

お客様は首都圏在住の「先生」と呼ばれるご職業で、見るからに威厳ある紳士です。

私も、お客様からご注意やご意見をいただくことについてはYさんと同意見です。

Yさんには、今後B様がお越しの際は、これからはお叱りをいただかないよう、すべて自分が接客をさせてもらうことを話しました。

売場の全員に、B様がお越しになった際は、すぐに私に連絡をするように、そして今後は自分が接客をすることを徹底しました（何故か、皆さん大喜びです）。

数日後、真珠売場から連絡があり、すぐにB様の接客に伺いました。

新任責任者としてご挨拶を申し上げ、その後も商品をご覧になられ帰り際に、「これからも宜しく」の言葉を残し立ち去られました。

ご体格も良く、威風堂々とした話し方に威圧感さえ感じます。

その後、何回かご来店くださり、その都度、売場から呼ばれて接客をしたのです。

私が接客をするようになって、回を重ねるごとに周りからB様に関しての情報が耳に入ってくるようになりました。

他の売場でも同様に、最終的にお詫びする責任者が決まっていて、お叱りを受ける接客者はパートナーさんがほとんどとのこと。

その中には土下座をさせられたなど、次第にエスカレートしているようです。

私は、この売場で過去にお叱りをいただいたパートナーさんたちに話を聞いたところ、「些細なことで急に怒鳴られる」「普通は、お叱りをいただくようなことではないのに」「突然、怒鳴られ、わけも分からずお詫びした」等などでした。

いずれの時も責任者のYさんが呼ばれ、いつものように、Yさんと一緒にご丁重にお詫びして、事なきを得ていたと知りました。

少し間をおいて、B様が久し振りにご来店されました。

いつものように連絡を受け、過去数回の接客時と同じように世間話から商品説明です。

カウンターにお座りいただき、その後も話は笑顔で弾んでいましたが、B様は思い出したように、「Yさんに用があるので呼んで欲しい」とのご要望があり、私は近くにいた社員に頼みYさんに連絡してもらうようお願いしました。

この後……思いもよらない、とんでもない出来事があったのです。


Yさんが売場の向こうからニコニコしながら、B様の元へ近づいてきました。

B様はYさんを視野に入れたと同時に、顔つきも態度も一変させたのです。

私に向かって「おまえはとんでもない奴だ、ふざけるな！」と席を立ち、怒鳴りながらサークル内に入ってきたのです。

私はB様の突然の奇行に席を立ちましたが、恰幅の良いお腹で一度、二度と押され、最初は何が起こったのかまったく見当がつかず、ただただ呆然と声も出ません。

「Yさん、こいつはとんでもない奴だよ、あ〜だのこうだの、失礼だよ、Yさんはこいつを叱れないだろう！　今まで我慢していたが許さないぞ！　こいつが土下座しない限り絶対に許さない。六時にまた来るから、Yさんの上司の部長を呼んでおきなさい」

私が接客対応しての一連の流れで、B様の手法すべてを理解することができました。

今までこんな形で、宝飾品や他の売場のパートナーさんたちが被害に遭っていたのです。

私はYさんに説明をした上で、売場や相談室時代にも大変お世話になった総務室部長のFさんに、この件で相談に行きました。

Fさんは前々から他の売場からも相談を受けていましたが、責任者がお詫びしてジ・エンドだったために手の打ちようがなかったようです。

「髙田さんが身体を張って証明してくれて、B様の正体を確認できたね、分かりました、徹底的にやりましょう！」

いつもながら、Fさんの決断力、判断力、実行力には感心します。

Fさんは売場での小さな苦情から会社のコンプライアンス（危機管理）全般まで、その的確な判断力と指示に於いては右に出る人材はいないと思います。

もちろん社長や本店長をはじめ皆さんからの信頼も厚かったのです。

余談になりますが、Fさんのいつもの口癖「お客様の声（苦情）は経営の資源です」は今も耳から離れません。

この内容の話は、相手が誰であろうと真意を確かめなくてはならないことです。まずは、お叱りをいただいた原因は何か？　その事実確認をしっかりと把握することです。

それによって二度と起きないように、指導と手段を講じなければなりません。責任者が出て、そのたびにお詫びで済ませていたら、永遠に同じことを繰り返すだけで、まったく解決はしないのです。

責任者を味方にし、「あのB様がお怒りになるのだから、きっと販売員が悪い」その定義で長い間、B様は優越感に浸っていたと言えるでしょう。

また、パートナーの皆さんも、責任者に何の弁解や意見も言えないような、売場の雰囲気にも問題があります。

事実確認をして多少でも疑問が生じたらパートナーさんではなく、責任者自身が接客すれば良いのです。

そうすることにより通常であれば、仮にB様のようなお客様が来店されても、きっとその売場は避けて通るでしょう。

その後のB様がどうなったかを結論だけお話を致します。

総務室のFさんの指示を受けて、応接室にて部長、Yさん、そして私の三人で対応し、少しだけ警察のご協力をいただき、二度とご来店いただかないようにしたのです。

七年あまり売場やブティックのスタッフを悩ましていたB様ですが、今回唯一の失敗は、責任者を味方にしたのではなく、責任者をターゲットにしてしまったことではないでしょうか。


他にも困ったクレームはたくさんあります。

何かの起因（購入商品や接客態度・言動等）を見つけ、その原因や責任をすべて相手のせいにしてクレームをつける。

商品に対してのクレームであれば、購入時に納得されてのお買い上げなので、解決策のキーワードは自己責任です（商品に瑕疵があれば真摯に対応）。

販売員の接客態度や言動についてのクレーム対応は、まずは真摯にお詫びをすること。

他に目的があって、それ以上に難癖をつける場合は言いたいことを言わせて、何が目的なのか、「きっかけ言葉」を聞き分け、展開によって「返し言葉」を使うこと。

●「土下座して謝れ！」
●「それ以上の代替品を用意するのは当たり前だろう！」
○「お客様、それは（お店）（私に）対して強要されるのですか？」

強要罪に抵触することを何気なく知らせる。

●「こういう時はいくらか包むものだよ！」

●「手ぶらで来たら承知しないぞ！」

○「お客様、承知しないとは怖い話ですね！　お金を持ってこいと仰るんですか？」

怖いと思わせることが大事です。そして脅迫・恐喝罪に抵触することも……。

●「おまえ、ふざけたこと言うと、ただじゃおかないぞ！」

これは脅迫罪に抵触し、先の例と同じような返し言葉で、相手に怖いと思わせるような表現をすることが効果的です。

●クレーマーから身体に触れられる（頭を小突かれる、肩を突かれる等）。

○「何をなさるんですか、とても痛いですよ！（極力大袈裟に）」

暴力を振るわれたように思わせる。この場合エスカレートした場合は暴行罪で、警察への通報もあり得ます。

※以上のことを纏め、クレーマー対応には、慌てず、落ち着いて言動や行動に注視し、沈着冷静にきっかけ言葉を聞き出し、相手に強要・脅迫・恐喝に抵触することの気づきをさせることが大切です。

そして、暴言や暴力に対しては、なるべくリアクションは大袈裟に振る舞い、暴行罪を匂わし、悪質であれば躊躇せずに警察へ通報しましょう。

そして、クレーマーから「消費者センターに言いますよ」「弁護士に相談します」「本社か社長に電話するぞ」等の訴訟型も見受けられます。

消費者センターとのことでしたら「お客様がそう仰るのでしたら、致し方ございません。私どもも、センターから正式に指示や指導があれば真摯にお受けいたします」

当該の消費者センターには、いち早く事情を説明し理解を得ることが大切です。同地域にこのようなご無理を仰るお客様がいるということを知ってもらうためでもあります。

対クレーマーの場合には、誰よりも強い味方になってもらえるはずです。
○弁護士云々の話が出た時点で「お客様がそのようなお考えをお持ちでしたら、この件で、これ以上お話を続けることはできません！　どうぞ弁護士さんから、お話をいただくようお願いします」
クレーマーであれば、そこまではいきません。仮にそうなれば自社の顧問弁護士と話してもらえば良いことです。

〇本社・社長にとの電話は、まずは相談室やそれに類する部署が伺うと思います。事前に当該部署と連絡をとり、相談室から「お客様、お話の内容は責任者の〇〇より報告を受けております。私どもも〇〇と同様の考えでございます。社長や本社にも報告はしますが、お客様をご対応させていただくのはあくまでも売場責任者の〇〇です。再度、〇〇とお話ししていただけますでしょうか」

こうした内容の対応は、いずれも接客者あるいは責任者がクレーマーと判断できた時の対処方法の一つです。

それを見極めるためには、責任者が進んでお客様のお話をお聞きすることにより、まずは相手の意図や目的を知ることが重要です。

ところで、苦情対応に大切なことがもう一つありました。

本書の中で、私が多用している言葉があることにお気づきになりましたでしょうか？

それは「ご不快な思いをおかけし……」です。

これはお怒りになっているお客様には、とても重要な切り出しトークなのです。

責任者が出て、闇雲に「お客様！　大変申し訳ありません」とお詫びしてしまうと内容をすべて認めて謝っていると思われるからです。

お客様が不快に思っているのは事実なので、そのお気持ちに対してのお詫びであり、その後、真摯にお話を伺ってご対応をさせていただくのです。

電話での苦情に対しても同様であり、内容の重たい一方的なお叱りについては、「ご不快な思いをおかけし誠に申し訳ありません……すぐに事実確認をしたうえで折り返しお電話をさせていただきます」

その際にお客様へお待ちいただく時間を明確にしておきます。

仮に事実確認が不充分でお約束の時間に間に合わない場合は再度お時間をいただく為に合いの手の電話をすることを忘れずに……。

時には共通語での対応も！

いやー、それにしても、人の気持ちは十人十色ではなく一人十色ですね、お客様の声（苦情・クレーマー）も多種多様になるのも仕方ありません。

そのお客様方をしっかりと対応のできる責任者や、リーダーを目指す人材が常に必要とされているのです。

対処能力を磨くために理解力、想定力、判断力、決断力のいずれかが欠落しても充分とは言えません。それらを一つひとつ、場面、場面で経験し身につけることが必要です。

クレーマーにとって恫喝や怒鳴ることから始め、対応者に恐怖感を与えてから要求や要望を叶える手口はとても成功しやすい手段ではないでしょうか。

私がクレーマーだとしたら、決して手は出さずに相手の弱みにつけこめば成功率はとても高く実に簡単で安易ではあります。

対応者には最も厄介なパターンですが、クレーマーも手を出した時点で終わってしまうことは充分承知しています。

怒鳴り散らされても恫喝されても落ち着いて、相手の目を見ながら真意を探るのです。

それでは引き続き、そんな内容を含んだ事件の体験談をお話ししましょう。

ある日の閉店後、部下のS君が外線からの入電で慌てて報告に来ました。

「今日私がプラチナのネックレスを接客販売したP様から、責任者を出せとお怒りの電話が入っています」

S君曰く、プラチナデザインネックレス三十八万円を自社カードにてお買い上げいただきましたが、お怒りの内容が理解できないとのこと。

代わって電話に出ると、挨拶どころの話ではなく、大分お酒も入っているご様子で、大きな声で怒鳴っています。

「馬鹿野郎、ふざけんじゃねえぞ！　こんなもん売りつけやがって、俺はプラチナの喜平（極シンプルな鎖状のデザイン）ってのが欲しかったんだよ！　今、ダチと新宿で飲んでいるから、喜平をすぐに持ってこい」

　こんな調子で、怒鳴り散らし続けて約五分、それはもう普通の人ではないと思うくらいの言葉遣いです。

　当然ながら、お客様が直接ご来店されてお買い上げになられた商品です。

もちろんご指摘になっている商品を持参するつもりはありません。

既に閉店をしていますし、ご期待に沿えない旨をお客様にお伝えしたところ、

「てめえー、ふざけんなこの野郎！　あした行くからな、おまえ高田だったよな、俺のこと覚えておけよ、それから喜平を用意しておけよ！」

　電話を切った後、S君が売上伝票の控えを持参し、皆で内容を確認したところ、プラチナの純度を間違えて記入していたことが判明しました。

　接客時に商品の純度説明と刻印を確認していただいてからの販売となるので、伝票の書き間違いで、これほどのお怒りはあり得ない話です。

　しかし、書き間違いは事実でこちらにも非があることは理解しましたが話の内容から、

純度のことには一切触れずに、喜平、喜平とデザインのことばかりを強調されていたので、S君の記入ミスのことを仰っているのではないかと思われます。

次の日の開店前、何時もの全体朝礼の最中に、売場後方から三人の強面の男性が近づいてきました。えー、昨日お電話をいただいた方たちか？　開店前にどうして入店できたのか？　いずれにしても朝礼が終わるまで、お客様にはお待ちいただくよう、S君に応接室へご案内をしてもらいました。

「大変お待たせ致しました、責任者の高田です。昨日はお電話で失礼をしました」

「あー、俺も昨夜はヤケ酒を飲んでいて悪かったね。電話でも言ったけど、昨日は、あんたらが間違えて売ったネックレスが原因で大変だったんだよ」

とお買い上げ品の領収書を私の目の前に……。

「俺は前から、かみさんにプラチナの喜平ネックレスが欲しいと言われていたんだが、これ（領収書）を持って帰って、えらい目にあったよ！　喜平ネックレスと取り換えてくれよ」

簡単なことです。当然お取り替えは可能ですが、なんであんなにお怒りになったのか。

私は、すぐに同額のプラチナ喜平ネックレスを用意し、お客様にご覧に入れたのです。

「そう、これだよ！　これでかみさんにも顔が立つよ、早いとこ包んでよ」

「すぐにお包みしますので、お買い上げになったネックレスをいただけますか」

「何言ってるの！　今は、かみさんがつけているのでこれと交換してくるんだよ、事前に外させるなんてできる状況じゃないよ、最初からこのネックレスだったら問題なかったのに、こんな面倒くさいことまでしなきゃならないんだよ」

「それでしたら、社員のSがご一緒しますので、その場でご返却ください」

「またー、まったく分かってないよな、かみさんも忙しいんだよ！　夜まで留守だし、帰宅後に、かみさんの機嫌を伺いながら話をするんだから一緒に来ても無理だよ、どっちにしても、明日には俺が持ってくるんだから問題ないだろう、そもそも、そちらの間違いから起きたことなんだから、今日、一緒に連れてきた二人も証人だし、こんなこと早く……今日で済ませたいんだよ」

　切実に訴えるお客様の言い分も分からないわけでもない気もします。

　商品貸し出しについてはお馴染みのお客様以外は、あり得ない話ではありますが、こちらのミス（?）も感じていたので、また自社カード入会審査でも認可されているお客様です。

　それだけに信頼度のあるお客様でもあることから上司にも相談し、ネックレスを貸し出しすることに致しました。

半ば私の独断でもありましたので、当然ながら最低限度の担保は確保します。

「通常ではもちろんできませんが、私個人の判断でお貸ししますので、念書（借用書）にサインをいただければお出し致しましょう、明日間違いなく返却してくださいね」

「分かったよ、あす早いうちに持ってくるよ」

すぐに、念書の内容を纏め作成し、お客様から直筆の署名と認印をいただき、商品をお渡ししたのです。

明くる日の閉店まで返却を待ちましたが、持参されることも連絡もありませんでした。

翌日、ご自宅へ数回お電話をしましたがお留守のため、お勤め先へ電話をして、連絡を至急いただきたい旨のお言づけをお願いしました。


二日目の開店早々、P様より入電。

「うるせーな、おまえら！　会社にまで電話しやがって、一日遅れたくらいでガタガタ言うんじゃねーよ」

「P様、念書に書いてある通りに、お約束を守っていただかないと困りますよ」

「昨日からかみさんの顔色見ながらやっていたが、ロレックスの腕時計も買わせられることになったじゃねーか、あんたらのお蔭で大変な出費だよ！　今から時計の番号を言うからメモしてくれるか」

ロレックスの婦人用腕時計の型番から百五十万円と百八十万円の二本の人気商品でした。

「今日、どちらかを買うので、悪いけど自宅の最寄り駅前の○○という喫茶店に持ってきてよ！　かみさんに選ばせて、どっちかを現金でもらうから包まなくて良いよ！　その時に最初に買ったネックレスを返すよ、同じ値段だから交換で良いんだろう？」

Ｐ様には、ご来店いただき多くの中からお選びいただきたい旨を話しましたが、奥様の都合が悪いとのことで持ってきて欲しいとの強いご要望でした。

この件に関しては、上司も返却約束日から一日は過ぎていても、商品が戻った上に、新しく現金売上も増えることから反対はありませんでした。

現在、外商販売はほとんどなくなりましたが、当時は外出しての販売も一つの戦略であり、またお客様によってはご自宅でゆっくりとご覧になりたいとのご要望も少なくはなく、宝石など数十本、数千万円の商品を持って外出をするのは日常茶飯事でもあったのです。

私はＳ君と二人で、ご要望商品を持って外出することに致しました。

指定場所の指定時間十分前に到着し、Ｐ様をお待ちしていました。

お約束の時間丁度にＰ様と、先日ご一緒だった男性のお二人でニコニコしながら右手を挙げて喫茶店に入ってこられたのです。

「いやー悪かったね、こんな所まで来てもらっちゃって」

四人でコーヒーを注文し、まずは世間話から奥様にロレックスを買う羽目になった理由を笑いながら話されたのです。

そしてコーヒーが運ばれて一息ついたところで、Ｐ様は私が持参したロレックスを品定めしながら突然、席を立ちながら「すぐ近くの自宅にかみさんが待っているので、どちらが良いか選ばせるよ、ちょっとこの二本借りていくね」

ロレックス二本はもちろん私の手中にあり、「Ｐ様、奥様には商品説明もあるので、私もご一緒しましょう」と席を立ちました。

「商品説明なんかは要らないよ！　見せるだけだから……俺一人で行ってくるから、コーヒーでも飲んでこいつと待っていてよ」

「Ｐ様、奥様がこちらにいらっしゃるか、私がご一緒するかのどちらかです！　申し訳ありませんが、ご精算が済んでいない商品を一時でも手放すことはできない決まりになっていますので……どうなさいますか」

「今更、何を言ってるんだよ、もう良いよ！　そんなことを言うなら今日はダメだ」

「分かりました、時計は持って帰りますよ！　それではネックレスをお返しいただけますか」

「ロレックスを持っていかなければ、かみさんは納得しない、ネックレスだけを外させることなんかできるわけないだろう」

「お話が違いますね！　ロレックスは別にしても、返却するネックレスも用意できていないということですか？　私たちを何のために呼んだのですか！」

「俺はこれからかみさんの機嫌をとって、明日、店へネックレスを持っていくよ！　その時に時計も見せてもらうから、今日は悪かったな」

　P様は右手を挙げて立ち去ってしまいました。一緒に来られた男性は、P様が立ち去ったのを確認し、私に向かって頷きながら「正解だな！」と独り言のように小さな声で言いながら席を立ったのです。


　帰店の途中、電車の中でS君が「私だったら、早く解決したい気持ちからちょっとならロレックスを貸していたかも知れません。どうなっていたか……怖いですね！　私のミスで貸したネックレスを返してもらえず、もしも髙田さんが責任を問われたら、私は会社を辞めますよ」

S君は真面目で責任感も強く、長身で顔立ちは芸能人並み、パートナーさんたちにも人望があって、好青年を絵に描いたような社員です。

S君の真剣な顔での発言に私はビックリ！　気持ちは嬉しいが何ということを！

彼の優しさと同時に、この時S君の弱さも感じたのです。

「S君、そんなことで会社辞めていたら、私なんかもう何十回も転職していたよ！　まったく心配はいらないよ、これからいろいろな問題はあると思うし、天災や災害も同じで事前の準備が大切だよね！　当然人災は避けたいし、ある程度の経験で防げることはたくさんあると思う、特に二次災害だけは絶対に避けないとね……それに、この件はすでにS君の問題ではないしね！　今日は、私も気をつけていたので二次災害を防げたし、相手の考えも充分に分かったことは大収穫だったし、君にはとても良い経験になると思うよ！　後は、私の判断で貸したネックレスをどのように取り返すか、よく見て勉強だな」

多少明るくなったS君と、今まで私が経験した事件や苦情の対応話をしながら、会社に戻って上司にこの日の顚末を報告したのです。

私の中では、自社カードでお買いになったネックレスも、お貸ししたネックレスも、既にP様の手元にはないとの判断をしました。したがってP様に対する私の対応手段は百八十度の転換を、せざる得ませんでした。

「髙田さん、今日休みなのにご苦労様です」

翌日、マネージャー席で迎えてくれたのは、ＡＭ（アシスタントマネージャー）のＮさんとバイヤーのＹさんでした。二人は三か月後の売上施策シートを作成中です。

二人には昨日のこの件でＰ様が今日来店することと、私が事前にＰ様へ数回にわたり、自宅や会社に連絡をとっていることを説明し売場に戻りました。


一時間後のお昼を過ぎた頃、バイヤーのＹさんがＰ様から受電とのことで、慌てふためいて私を呼びに来ました。会社の人から伝言を聞いたのでしょう。

「Ｐ様からの電話で、『髙田を出せ！』とすごい剣幕で怒鳴っています」

私はＰ様からの連絡を待ってましたと、席に戻り受話器を取って挨拶した途端に、

「てめえ、会社にまで電話してきやがってふざけんじゃねーぞ！　仕事が忙しいんだよ、すぐに行けるわけねーだろう、手が空いたら持っていくから、ガタガタ言うんじゃねーよ」

「Ｐさん、それじゃこちらが困るんだよね、今日来ると昨日約束したよね！」

「うるせーな、この野郎！　誰がそんな約束したんだよバカ野郎！　俺を甘く見てんじゃ

ねーぞ、お前の都合で動いてんじゃねーんだよ！　二度と電話してくるな、分かったのかよ！」

あまりにも大きな怒鳴り声なので受話器を少し離して聞いていましたが、外にも充分聞こえていたようでNさんもYさんも額のシワを斜めにして心配してくれています。

私の話し方も少しずつ変化し、いつの間にかP様からPさんに変わっています。

「Pさん、少しは静かに話せないのかよ！　黙って聞いてりゃ、ふざけたことを言ってんじゃないぞ！　念書（借用書）まで書いて借りた物を返すのは当たり前だろう！　グズグズ言ってないで、今すぐ持ってこい」

失礼しました、間違いなく私が発した言葉です。声の大きさはP様の一・五倍、言葉遣いはもう少し悪かったかも知れません。

ただ、通常、社員がお客様に対してこのような言葉遣いをすることは、絶対にありませんので、それだけは誤解のないように（笑）お願いします。

「な、な、何だよ、おまえ！　おまえはそれでも社員かよ」

明らかにP様は動揺していますが、それ以上に横にいたNとYの二人は椅子から落ちそうに……見事なリアクションでした。

「社員に決まってるだろう、宝石売場の責任者だよ！　あんたと同じ共通語で話さなければ言葉が通じないだろう！　いつまでも大声で怒鳴ってんじゃないよ。それで！　……Ｐさん、これからは静かに話してくれるの？」

「俺は、返さないって言ってねーだろう、暇になったら持っていくと言ってるんだよ」

「返す、返す！　だけじゃ、誰も信用しないよ！　Ｐさん、これで二度目だけど、三度目はないからね！　それで、いつ返しに来られるか約束してよ」

「今、いつとは約束できないけど、一週間以内に持っていくよ、それなら良いだろう」

「一週間、なんで一週間なの？　今日は火曜日だから、金曜日まで待つよ！　それ以上は警察に行くので返さなくて良いよ！　Ｐさんがカードで買った物は別にして、借りた物は返さなきゃダメだよ！　警察が関与した時点で、こちらは何もできないからね、Ｐさんのためにも、借りた物だけは絶対に戻した方が良いと思うよ」

「うーん、そんなこと分かるかよ」と電話をガチャンと切りました。


　私の考えは、ネックレス二本とも既に手元にはないと想定していますが、会話中の抑揚や声の感じから、せめて借りた物だけでも返却をしなければまずいとの思いを察しました。

　Ｐ様が仮に手放した所から取り戻す時間（金銭の工面も想定）に、二日はかかると思いましたが、それも私の勝手な考えで真意は分かりません。

この件については当初から総務室や防護部長にも報告済みで、対応は私に任せてもらっていましたが、防護部長や総務としては、少しでも早く警察に関与してもらって対応を任せたいと思っていたようです。

その後、私が一方的に決めた金曜日も含め、私とP様との間で再三にわたって「怒鳴る！」「怒鳴り返す！」を繰り返しましたが、怒鳴り返した後で私は決まって、P様が最低でも何をすべきか、そして、それがあなたにとってどれほど大切なのかを優しく諭すように話しかけたのです。

P様と何回か話すうちに、私が優しく説得する時の反応が徐々に変わっていくのが分かります。言葉遣いや声の大きさ、話を聞く姿勢が違ってきたのです。

この状況では、いずれにしても借りた物を素直に返却した方が自分のためと観念した様子が強く窺えたのです。

その一方で、総務や防護部長から上司を通じ、この件で警察にも既に相談に行っていることや、正式に訴えがあれば警察はすぐに動くとの話が私にあったのです。

私はその話を聞き、部長席に防護部長をはじめ関係者に集合してもらい、その後の経緯や進捗状況を報告した上で、警察の関与を強く拒否したのです。

何故ならこの時点では、返却日は守られてはいませんが、本人からは「返す！」との意思表示をしている以上警察も注意ぐらいしかできないはずです。

それでもP様には、警察の二文字でプレッシャーをかけられるとのことでしたが、今までの対応から着地点が見えてきたところだったので、新たにスタートラインまで戻されるような気がして私にはどうしても逆効果にしか思えなかったのです。

「私の売場で、私が貸した商品を返してもらうのが第一です。今も返却を求めて努力をしているのは、私や売場にとって犯罪者は必要ありません。何よりも商品を元に戻させることです。もう少し私に任せてください」

私は総務でもなければ防護部員でもないので、この件に関しては警察関与に賛成はできません。P様の性格から逆に商品が返らないことを危惧したのです。


P様とはその後静かに話し会いができ、二日後の午後一時、池袋支店（現在閉店）一階のTブティック前で待ち合わせて返却するとの約束をしました。

当日、私の意思ではありませんが、防護部員のAさんと一緒に池袋店へ向かいました。

私は時間前に待ち合わせ場所で、またAさんは少し離れたところで待機し、P様を待つことにします。

約束の時間を少し回った頃、P様はバッグを右手に抱えてやってきました。

Ｐ様と会うのは、ロレックスを持参した時以来でしたが、笑顔も晴れやかです。ブティックの応接室を借りて、膝を突き合わせＰ様から開口一番「悪かったね！」

貸したプラチナ喜平ネックレスを確認し、Ｐ様には念書を返しました。

「あんたのしつこさには参ったよ、これで良いんだよな、じゃあーな」

「Ｐさん、お互い様ですよね、カードで買った代金もちゃんと払ってくださいよ」

お互い二度と会いたくないとの思いでしょうか、会話も少なく笑顔で別れたのです。

お店へ帰り売場に戻ると好青年のＳ君が満面の笑みで喜んでくれました。

戻ったネックレスをバイヤーのＹさんに手渡し、ＡＭのＮさんからは「売場の皆には、マネージャーは無事に帰ってこられないかもーと言ったのに……お疲れ様でした！」と笑顔で迎えてくれました。文章にすると短い期間の様ですが、商品を返却してもらうまでに一か月以上も要してしまいました。実に反省すべき点が多かった事件です。

それら問題点を抜粋してみることにしましょう。

まずは、商品を貸し出してしまったことが最大の原因であり、どんな理由があるにせよ、貸さなければ良かった話ではあります。

《商品貸し出しの要因》

自社カード所有の信頼性あるお客様と判断してしまったこと。
販売時、領収書にプラチナ純度の書き間違い（ミス）により、お客様や奥様にまで多少ご迷惑をおかけしたとの認識があったこと。
商品取り替えは、奥様の都合が優先との強い申し出を信じ、翌日には返却との念書（借用書に返却日を記載し自筆の署名に印鑑）をもらったこと（本人が返却の意思がない場合は念書を拒むことが大半です。しかも自社カード所有で身元が確認されていたために多少の油断があった。一見のお客様では貸し出しはない）。

いずれにしても、お客様第一に考えての行動ではあるが、万が一のことを考慮し念書をもらうことは必須です（念書がなければ取り戻すことは不可能です）。

《説得へのプロセス》
○怒鳴ることで威圧する常套手段には乗らず、相手に思い通りの展開に持ち込まれないこと。
○このことで一番ダメージを受けるのは最終的に誰なのかを認識させるために、相手を思い優しく諭す会話が必要です（カードで正式に購入した物は、支払いが遅れても、支払う姿勢さえ見せれば、問題ありません。しかしかなり時間を要しますが、借りた物を意図的に返却しなければ刑事事件となります）。
○怒鳴るばかりで、話にならない場合（話を聞いてもらうための手段）は機先を制するために、相手が想像しないこと（怒鳴り返す）をすることも一つの試みです（ただ、この手段は状況や環境、またお客様をある程度知った上でのことであり、何よりも対応者の覚悟が必要で、リスクもあるのであまりお勧めはできません）。
《二次災害への注意》
○今回は借りた物を返却という理由で、ロレックス二本を持参しています。
S君が言ったように、問題の解決を急ぐために、たとえ束の間であっても手を離していたらどうなっていたでしょう？

おそらく二本とも戻ってくることはなく、立証するのも容易ではありません。

適材適職を見極める！

ここで少し一息入れて、私が売場に戻った時に心和ますジョークで迎えてくれたAMのNさんの仕事の仕方についてのエピソードを少しだけお話ししてみたいと思います。

Nさんは私の一つ後輩で、入社以来本店の宝飾品売場に勤務しています。私の入社時は銀座店でしたが、お互いに宝飾品売場で店間交流もあることから、日頃から親しみを感じていましたが、自宅駅が近いことから会社帰りに幾度か地元の居酒屋で情報交換（ただの飲み会）をしたものです。

私が本店に異動になり、スーパーブランドの責任者を務め四年が経った新年早々のこと。部長に呼ばれ、来月二月から六階の宝飾品マネージャーを頼むとの内示を受けました。（文章の流れから時期や部署、店舗が行ったり来たり……お許しください）

本店の宝飾品売場は大所帯で売上目標も非常に大きく、それなりに遣り甲斐はあるのですが、銀座店での時計売場二年を含め、宝飾品を離れて六年、一階のスタッフの皆さんと共感性も生まれ、毎日楽しく働けていたので、あまり気が進みません。

それともう一つ、宝飾品売場を日頃から見ていて気になることもあり、部長には今まで通りの継続を願い出たのですが、答えは当然ながらＮＯです。

宝飾品売場のＡＭのＮさんとは、同じ部ということもあり、会社帰り近隣での飲み会を継続していましたが、Ｎさんが ＡＭになってから、マネージャーが代わるのは私で、五人目になるのです。

私は以前から宝飾品生え抜きのNさんが、マネージャーになるべきと考えていたのです。宝飾品マネージャーは早くて一年、通常は二、三年で代わっていましたので、私も一年間頑張り、Nさんとバトンタッチして一階に戻してもらえば良いのではと、自分なりに勝手に考えて受けることにしました。

Nさんと同様にバイヤーのYさんも、数年の転勤はありましたが基本的には本店の宝飾品関連でキャリアを積んだ人材です。

着任後は今まで以上に、私とNさん、そしてYさんは常連で、そこに何人かの社員やパートトナーさんたちが入れ替わって、毎日のように居酒屋で反省会（笑）をしていました。

そして今まで以上に共感性が伴うとそれぞれが言いたい放題はいつものことです。

またそれが楽しい時であり、私も含め、参加した人たちの長所や短所が見えてきます。

私もそうですが、他から長所を言われると謙遜しながら、やはりなと悦に入る。

短所を指摘されると思い当たる節もあり、なるほどなーと思いながらビールをグイと飲み干す。いつもながらこんな形で私流ではありますが、職場の風通しが良くなったと思っています。

ある日Nさんから「髙田さん、毎日のワークスケジュールと売上施策シートを作成してもらえませんか？」との申し出があり、その内容を詳しく聞きました。

ワークスケジュール（W／S）とは文字通り、パートナーさんは別にして二十名の社員の休日を含めた毎日のタイムスケジュール表を作成し、摘要欄にその日の特記事項や注意事項を記載したもので、パートナーの皆さんもその表を確認して、社員のその日の動きが把握できるようになっていました。


売上施策シートとは、その月の売上査定が四億円としたら、ルーティーンの売上をベースに売場催事、別会場催事、店外催事、外商売上などを企画し査定以上の施策を組み立てて全員に徹底を図るシートです。もちろんそれは年間を通し、関連部署とも連携しながら実施することであり、少なくとも三か月～半年先のシートを作成していくものです。

Nさんからの依頼で、あまり考えもせずに素直に両方とも着手することにしましたが、私の中で疑問が残ります。

それは、売上施策シートは別にして、毎日のタイムスケジュールを何故私がするのかということでした。まあまあ「郷に入れば郷に従え」で何事も経験です。

一か月が過ぎて、バイヤーのYさんはお取引先さんに対してもユーモアと厳しさを持ち合わせ、商品に対しては妥協せず、宝石を見る目もピカ一……流石です。

ＡＭのＮさんは、本店宝飾品売場に入社以来三十年以上在籍し、唯一生え抜き社員で、今もなお、宝飾品売場にはなくてはならない存在です。

数十社あるお取引先の社長さんや営業の人たちからはもちろん、誰よりも一目置かれる存在です。

売場で働く社員、パートナーさんたちにも人望があり、同じ売場で働くＮさんを見ていて、販売力、真面目さ、働く仲間からの信頼度、商品知識、そして信念、どれをとっても私よりはるかに上でしたが、気になったのは最後の信念です。

周りに言わせるとＮさんの場合、（信念）＝（稀にみる頑固）とも読むそうです（笑）。

しばらく一緒に働いてみて、今までのマネージャーの考えより、Ｎさんは仕事に対する拘りを信念としてしっかりと発言し、それを頑なに貫いていたので、このスタンスは誰も変えられずに、今まで続いていたのだと思います。

実にもったいない話でその頑固さが、人から得られる「なるほどな～」が少ない原因です。

私はＮさんのＡＭとしての働き方には疑問を感じ、私が考える組織作りのためには、まず、Nさんの働き方を変えなければ、そしてすぐにでもマネージャーになってもらいたいとの気持ちが再びウズウズしてきたのです。

おそらくこのような彼の仕事の仕方が、過去のマネージャーたちの推薦（昇格）への阻害要因になっていたのではないでしょうか。

さあ、そろそろ私が思う職場環境に着手するために、飲み会でNさんに絡んでみました。

「Nさん、いつまで私にW／Sを作らせるの？　まあ、そのお蔭で部下の動きやパートナーさんたちにとっての必要性も理解できたので、そろそろNさんに任せるから頼むよ」

「何を言っているんですか、部下の一人ひとりの動きを把握することが責任者の仕事じゃないですか！　それはマネージャーがやるべきですよ」

今日の飲み会はNさん、Yさんと三人で、いつものように酔いも回り言葉も荒くなります。

「じゃあー、AMのあなたは毎日、何をするの？」

「私は、売場に張り付いて接客や現場指導をしているじゃないですか」

「えー、今までのマネージャーもNさんも、ずーっとこのスタンスだったの？」

「当たり前ですよ！　売上施策シートやW／Sだって、前任マネージャーもしっかりとやっていましたよ、その日にできなければ家へ持ち帰って仕上げてましたよ！　マネージャーはマネージャーのやるべき仕事をしなければダメなんですよ」

実は、前もって前任者に確認をしたところ、本人の意思ではないとのことでした。

「ダメだよNさん、私を含めて今までのマネージャーの人たちも、経験豊富なあなたより能力のある人はいなかったでしょ？　Nさんもそう思っているんじゃないの？　それを分かっていながら理屈を捏ね回して、やらせていたでしょう」

私の挑発にNさんはご機嫌斜め、これからが意識改革の始まりです。

「私から見てもW／Sは大事だけど、それを作成することは「作業」だよ！　あなたは今までのマネージャーにただの「作業」をさせていたことになるけど、とんでもないよ！売場に在籍していたら誰でもできることだからね！　大事なのはそれを確認することだよ！　Nさんだったらそんなこと分かるだろう。それで、あなたは売場で販売指導？　ふざけたこと言うんじゃないの！　今後、この「作業」は次期マネージャーのあなたがしなさい！」

Yさんは私の真剣な話っぷりに、時折相槌を打ちながら静かに聞いています。

「明日からあなたが作成したW／Sをマネージャーの私が確認するから、訂正が入らないよう真剣にやってよ！　細かいことを言うようだけど、Nさん、今までの仕事の仕方が間違っているよ！　私は、極力席に座ることはしたくないし、今後は席で作業もしません。

売場で販売の指揮をするのはマネージャーの仕事だからね！　実は部長にもお願いしているけど、来年はあなたをマネージャーに推薦して、私は一階に戻るつもりでいるからね」

「何とぼけたこと言ってるの！　五十歳過ぎてマネージャーになった話なんか聞いたことも見たこともないよ！　それに興味もないし」

当時Nさんは五十一歳。Nさんは酔いも手伝ってか、ぶつぶつと文句（？）を言いながらトイレへと向かいました。

当時のNさんは、お嬢さんに可愛いお孫さんもできて、その話になると急に目尻が下がり、日頃の頑固さは皆無となります。そんなNさんを見ていると、今更マネージャーでもなく、余計なお世話なのかな？　彼の本当の気持ちも分からずに迷ってもいたのです。

この話を静かに聞いていた、バイヤーのYさんに意見を聞くことにしました。

「あのさー、Nさんはあんなことを言ってるけど、本当になりたくないのかな～真剣に考えて動いているんだけどね」

「髙田さん、僕はNさんと付き合いが長いけど、マネージャーになりたいに決まっているじゃないですか！　是非、お願いしますよ」

「良かった、そうだよね！　Nさん頑固だからね」

「髙田さんの話を聞いていて、なるほどな～って思いましたよ！　前任マネージャーも、きっとそんな風に言いたかったと思いますよ」

Nさんはトイレから戻っても、この件でまだぶつぶつ文句ばかりで、きっと周りのお客さんからは、酔っぱらったオヤジどうしの口喧嘩だと思われたに違いありません。

「Nさん、今日はこれで帰るよ！　また明日飲みに行こうよ」

「いいえ、あなたとはもう飲みに行きません！　絶対に行きません！」

またかよ！「もう二度と行かない！」は今までに何回聞かされたことか。


「マネージャー、お早うございます！　今日からワークスケジュールは私がします。それと売上施策シートもYさんと一緒にやっても良いですか？」

多少開き直った言い方ではありましたが、Nさんらしく照れ隠しでもあります。Nさんからその言葉を聞きたかったので、嬉しさに乗じて今日も飲みに行くぞ。

前にも書きましたが、私の指導方法の原点は「責任をとってくれる人間がいる間に、責任ある仕事を覚えなさい」です。

報告の義務さえ怠らなければ、結果によっては私が責任をとれば済むことですから……悪く（?）言えば「マネージャーはいなくても自分がいれば充分！」と思えれば良いのです。

Nさんの書いたW／Sを確認し、売上施策は私も参画し今まで以上に精度アップ。

来月の売上施策を今月の月中、開店前に社員を集めて意識と役割分担の徹底を図る。

今までは私とバイヤーのYさんとで説明をしていましたが、その月からはAMのNさんとバイヤーのYさんにお願いをしました。


Nさんは最初躊躇しましたが、ただの通例であり、誰でなくてはということではありません。

あの日を境に、Nさんの仕事に対する意識も変わり、何事にも積極的に行動するようになったのです。もちろん、その後の《夜の戦略会議》（笑）も当然のように続いています。

Nさんがこの業務をこなすことによって、一事が万事何も言うことはありません。

私は、部長に幾度となくNさんの仕事ぶりを報告し、これだったら申し分ないと確信し、次期マネージャーとして強く推薦し続けたのです。

部長も少しずつ理解を示し、売場へ来て、なんとなく様子を見ています。

パートナーさんたちとも何やら笑顔で話をしている状況も、最近では多く見られます。

おそらく部長自身で確認し情報収集？　をされていると私は感じていました。

宝飾品売場に来てから十か月が過ぎ、慌ただしくも順調に年末を迎えます。

十二月に入ったある日、部長から内緒とのことで私に興味ある話をしてくれました。

「推薦があったNさんを来期（二月定期人事）から昇格させるよ」

部長からの内緒話は本当に嬉しかったです。これで飲んだ勢いだけの嘘つきにならずに済むとの安堵感と、何よりも「部長が凄い！」との思いを強く感じたのです。

「えー、有り難うございます。Nさんも今まで本店宝飾品一筋に頑張ってきたので、きっと喜ぶと思いますよ、本当に有り難うございます」

「喜ぶのは早いよ！　宝飾品は引き続き、代わらずに見てもらうよ！　甘いな、自分は一階に戻れると思ったんじゃないの？　そうはいかないよ！　Nさんには、当部が新設する催事チームのマネージャーになってもらうよ」

私が思うような旨い話とはならないまでも、同じ部のマネージャーには変わりません。とにもかくにも、部長には感謝です。


私は既に気を取り直し、宝飾品で働く仲間たちとも徐々に共感性・価値観の共有もできつつあることから、もう少しだけ続けたいとの気持ちがあったのも事実です。

「住めば都」とはよく言ったものです。

でも、「住んだら都にしたい」という自分の性格が、そう思わせたのかも知れません。

新年を迎え、三月から部内新設部署である、催事チームNマネージャーの誕生です。

宝飾品売場としては大きな戦力ダウンになりますが、代わって新しい人材（AM）も増えることになり楽しみでもあります。

Nマネージャーとは今まで通り閉店後に仲間たちも含め、お酒で身体を清めながら、戦略会議を続けております。宝飾品の催事は価格や新商品などの素材に重きを置くソフト面が多かったのですが、今までもこの会議で、お客様に喜んでいただくためのハード面（所轄の警察へ申請後宝石のオークションやクローズドセール）など、いろいろなアイデアが続出し、それを実践したことで大きな成果に結び付けてもいたのです。

Nさんとのエピソードは飲み会とともに、この辺でお開きとさせていただきますが、ここで伝えたいことは、他人の話はよく聞くこと。そして周りのアドバイスや助言は真摯に受け止めて、一旦は腹に収めること。そして良いと思ったら素直に実践すること。人の良いところは、それを認めて真似をすること。それによって自らの性格をも変えられると私は思っていますし、人間の能力にさほど違いはないとも思っています。

どれほど優れた偏差値を持った人でも、今の職場で通用するとは限りません。

まずは、今の環境（職場）に於いて如何に自分が未熟であるかを悟り、良いと思うことを一つひとつ確実に身につけていく姿勢が大切なのです。

やがてそれは誰も盗むことのできない、自分自身の財産になるからです。

何の取り柄もない私自身も、職場での経験・体験から多くを学び身につけてきました。そんな私が五年間、宝飾品売場で楽しく職務を全うできたのも一緒に働く職場の皆さんのお蔭と感謝するばかりです。

そして何よりも、Nさんをはじめ KUさん、KAさん、OUさんと、その都度戦力ダウンはしたものの、他の部署のマネージャーに昇格し、最後に私の後任としてバイヤーのYさんが宝飾品マネージャーとして昇格しました。

勤務在職五年間で部下の五人が昇格できたのは、宝飾品売場にそれだけ優秀な人材が集まっていたのも事実ですが、皆さんが私の仕事の仕方に理解を示し、真摯に人の話に耳を傾け、それぞれが意識と目標を持って努力した結果でもあると思っています。

Nさんは入社以来、宝飾品売場で職歴を重ね、誰よりも知識と信頼を勝ち取り、なくてはならない人材でした。正に適材適所です。

売場責任者は組織を鑑み、それぞれの**適材適職**の示唆をするのも大切な仕事なのです。

財産には二通りあって、一つはお金、土地、有価証券などの資産。

もう一つは接客業に携わる者としての接客技術や対処能力を磨くための判断力、決断力、理解力、想定力、人財育成力を身につけることなど目に見えない財産です。

どの能力をとっても初めから身についていたり、持ち合わせていたりする人はいないのです。

これらのスキルを向上させるには、自らの経験や体験が大事な教材であり、残念ながらそれらの教材が少ない場合は、他人の経験談や体験談から学び、それを「なるほどな～」と参考にするも良し、また自分であればこう考える、自分だったらこう行動する、事故を未然に防ぐために自分は日頃からこう動く、等の問題意識を常に持って行動していくことが大切です。

コンビニやスーパーは、近くにあって宅配もしてくれる、それだけでサービスです。百貨店にわざわざお買い物に来てくださるお客様の、顧客満足度を高めるためには、お客様を接客する喜び、お客様に喜んでいただける、それらを実感できるように接客技術を高めることが、今私たちにできる最低限度のサービスではないでしょうか。

今まで銀座店や本店にて、私たちの教育のためにいろいろな機会（他企業成功例セミナーや外部講師による勉強会など）を与えてもらったことの一つひとつが、私の財産になっていることは間違いありません。

コンサルティングセールスの勉強会もその一つでした。

私は、自分の過去の経験や体験を生かし、そして今までのセミナーや勉強会の中から必要な部分を抜粋し、一時間半程度のセミナープログラムを考え、相談室時代ですが、都内のE店へ数日間、一日数回のセミナーに出掛けました。

「何を話せば？」「どのように話せば？」……そう思った時、自分が今まで聴く立場にあったことの経験が、とても役に立ったのです。

限られた時間ではありましたが、皆さんの目はギラギラと真剣そのものです。終了間際には、皆さんからの質問が多く、ついついタイムオーバーをしてしまいます。

それだけ売場環境やお客様対応については問題点が多かったのでしょう。

でも大丈夫！　答えるのは今まで経験をしてきた先輩なので的は外しません。

その日のセミナーが終了し、店長からお礼の言葉の他に、時間厳守を遠回しに……（笑）。

私としたことが、皆さんは時間を決めて職場を離れています。

売場で待つ人のことを考えずに配慮が足りませんでした。

何日かのセミナーが終了し、聴講した若い皆さんから有り難いことに感想文とアンコールのご要望をいただきました。

皆さんのご意見を、部署やお名前を伏せて紹介しましょう。

【先輩講師のセミナーを聞いての意見と感想】

〇一時間三十分という長さを感じないほど濃い内容だったと思います。是非、第二弾を開催していただきたいです。（Mさん）

〇外部講師ではなく、私たちの先輩のお話として非常に役に立ちました。実践にすぐつなげることができます。（F君）

〇スタッフを統括しているクラスの方々には全員、このセミナーを受けていただきたいと感じました。今回のセミナーで学んだことを上層部が実行することにより苦情削減になるとともに、それを見てスタッフも育ち、顧客満足度にも結果的につながっていくんだと感じました。（Iさん）

〇すごく参考になった。またこのような講習会をやってほしいです。苦情を報告すると、ほとんどの人が面倒臭そうな顔をする。「貴重なご意見として対応する」ということを髙田さんは何度も言っていた。みんな、そういう気持ちになって欲しい。（Nさん）

○職場で日々起こるクレームに対する姿勢が非常に参考になりました。いろいろなケースがあるので二、三回やってほしいです。（Tさん）

○〈苦情対応の知っておきたいポイント〉はもう少し時間が欲しかったです。詳しく聴きたかった。（Sさん）

○苦情の初期消火に関するお話は大変参考になりました。（N君）

○実際に豊富な経験がおありになるせいか、大変参考になり、実践でも役に立つと思いました。パートナーさんの方々にも是非講演していただきたいです。（Hさん）

○パートナーさんへの働きかけ方の部分が特に参考になりました。定期的にお話を聴きたいです。（Kさん）

○たいへんためになるお話を有り難うございました。実際お買い場（売場）に立たない部署ですが、店頭に立たれるパートナーさんとの関係づくりなどは、○○部としても大変身になりました。（Mさん）

○それぞれの項目によって分かりやすい例を出していただきながら、分かっている（ハズ）と思っていながら、パートナーさんたちにも伝えやすく、教えやすい内容でした。（Yさん）

○とても興味深くお話を伺わせていただきました。ちょうどやろうとしていたことのヒン

トなどがたくさんあり、ためになりました。ありがとうございました。（Sさん）

以上、内容が重複するような感想文は除かせていただきましたが、先輩冥利に尽きる嬉しい内容ばかりでした。

セミナーを聴いてくれた数十名の後輩たちは、人の話を真剣に聞く姿勢と意欲も感じられ大変心強く、また頼もしくも思いました。

職場の良き先輩の背中を見ながら教育や指導を受け、そして自分が良き先輩となり後輩を指導できるようになってもらえればと願っています。

子供は放っておいても育つわけではありません！

親兄弟・家庭、そして友達を含めた周囲の環境に影響されながら成長していきます。

それが人格となり社会に巣立っていきます。

私たちが働く百貨店（接客業）は、ご来店くださるすべてのお客様にご満足をいただくために……まずは異なる環境で育った社員やパートナー（派遣社員）さん一人ひとりに理解してもらえるよう分かりやすく、共感性を伴った説明が必要です。

私が実際に経験・体験をしてきた三つの資（資格・資質・資源）のうち、どれ一つ欠けても、良い結果になるとは思いません。すべてがリンクして、初めて人材育成のための教育や指導、そして苦情対応ができるのです。

人は、十人十色ではなく、一人十色……そして苦情は十件十色……そしてその対応は、一件十色の時代なのです。

責任者として、その場に応じた応用を利かすことのできる対処能力を、この三つの資を踏まえて磨いていただければと思っています。

そして、この私の経験と体験談から、皆様の職場に置き換えていろいろな場面を想定し、繰り返しシミュレーションしていただければ幸いです。

最後に、同じ喜びや悩み！　価値観が共有できる同業他店や同業種に携わる皆様、どこかでお話をさせていただく機会がありましたら、是非、謙虚さと配慮を忘れずに、先輩を敬い、決してヤジなどは飛ばさないようお願い致します（笑）。

タッちゃんの接客心得七か条

商品や物に関しては…

《百聞は一見にしかず！》

お客様や人に関しては…

《百見は一会話にしかず！》

職場の環境に於いて常に目指すこと
住めば都！
《住んだら、都にするべし！》

責任者のやるべきこと
木を見て森を見ず！
《木を見て、森も見ろ！》

人の気持ちは！
十人十色！

《人は、一人十色！》

苦情内容！
十件十色！

《苦情対応、一件十色！》

人を活かすは！
適材適所！
《部下を活かすは適材適職！》

著者プロフィール

高田 勝則（たかだ かつのり）

1949年、東京都出身。
私立京北商業高等学校卒。
1968年　株式会社三越入社。
2014年　株式会社三越伊勢丹　任期満了にて退社。
2016年　Takada 企画起業。
〃　　三越旧友会幹事（ＯＢ・ＯＧ会）。
2017年　株式会社三貴商会カスタマー統括顧問。

接客人生

2019年８月15日　初版第１刷発行

著　者　高田 勝則
発行者　瓜谷 綱延
発行所　株式会社文芸社
〒160-0022　東京都新宿区新宿1－10－1
電話　03-5369-3060（代表）
03-5369-2299（販売）

印刷所　株式会社平河工業社

ISBN978-4-286-20719-3